本书为国家重点研发计划课题"长江流域文明进程研究"（课题编号2020YFC1521603）和"中华文明起源进程中的生业、资源与技术研究"（课题编号2020YFC1521606），以及国家文物局"考古中国"重大项目"长江下游区域文明模式研究"的阶段性成果。本书出版得到浙江省委宣传部良渚考古系列图书出版经费的资助。

方向明　著

王陵和祭坛　瑶山遗址

良渚文明丛书
Liangzhu Civilization Series

The Cemetery and Altar of Liangzhu Kings

Yaoshan Archaeological Site

ZHEJIANG UNIVERSITY PRESS
浙江大学出版社
·杭 州·

总　序　General Preface

良渚与中华五千年文明

刘　斌

　　时间与空间真是奇妙的组合，当我们仰望星空，看到浩瀚的宇宙，那些一闪一闪的星星，仿佛恒久不变地镶嵌在天幕中。然而，现代科学告诉我们，光年是距离单位，宇宙深处星星点点射向我们的光线，来自遥远的过去。原来，时空的穿越，不过是俯仰之间。

　　考古，同样是这种俯仰之间的学问，由我们亲手开启的时光之门，将我们带回人类历史中每一个不同的瞬间。而距今 5000 年，就是一个特殊的时间点。

　　放眼世界，5000 年前是个文明诞生的大时代。世界上的几大流域，不约而同地孕育出早期文明，比如尼罗河流域的古埃及文明、两河流域的苏美尔文明、印度河流域的哈拉帕文明。那么，5000 年前的中华文明在哪里？这个问题困扰学界甚久。按照国际上通行的文明标准，城市、文字、青铜器……我们逐一比对，中国的古代文明似乎到出现了甲骨文的商代为止，便再难往前追溯了。

　　考古学上，我们把文字出现之前的历史称为"史前"。在中国的史前时代，距今 1 万年以上，在辽阔版图的不同地理单元中，开始演绎出各具特色的文化序列。考古学上形象地称之为"满天星斗"。然而，中国的史前时代长久以来被低估了。一直以来，我们都是以夏商为文明探源的出发点，以黄河文明作为中华文明的核心，无形中降低了周围地区那些高规格遗迹遗物的历史地位，比如辽西的红山文化、江汉地区的石家河文化、太湖流域的良渚文化、晋南的陶寺文化、陕北的石峁遗址……随着探源脚步的迈进，我们才渐渐发现，"满天星斗"的文化中，有一些已然闪现出文明的火花。"良渚"就是其中一个特殊的个案。

　　大约在 5300 年前的长江下游地区，突然出现了一个尚玉的考古学文化——良渚文化。尽管在它之前，玉器就已广受尊崇，但在此时却达到空前的繁荣。与以往人们喜爱的装饰玉器不同，良渚人的玉器可不仅仅是美观的需要。这些玉器以玉琮为代表，并与钺、璜、璧、冠状饰、三叉形器、牌饰、锥形器、管等组成了玉礼器系统，或象征身份，或象征权力，或象征财富。那些至高无上的人被埋葬在土筑的高台上，配享的玉器种类一应俱全，显示出死者生前无限的尊贵。礼玉上常见刻绘有"神徽"形象，用以表达良渚人的统一信仰。这些玉器的拥有者是良渚的统治阶级，他们相信自己是神的化身，行使着神的旨意，随葬的玉器种类和数量显示出他们不同的等级和职责范围。我们在杭州余杭的反山、瑶山，常州武进的寺墩，江阴的高城墩，上海的福泉山等遗址中，都发现了极高等级的墓群。这就似乎将良渚文化的分布范围分割成不同的统治中心，呈现出小邦林立的局面。然而，历史偏偏给了余杭一个机会，在反山遗址的周围，越来越多的良渚文化遗址被发现，这种集中分布的遗址群落受到了良好的保护，使得考古工作得以在这片土地上稳步开展。到今天再来回望，这为良渚文明的确立提供了必要的前提。否则，谁会想到零星发现的遗址点，竟然是良渚古城这一王国之都的不同组成部分。

　　今天，在我们眼前所呈现的，是一个有 8 个故宫那么大的良渚古城（6.3 平方公里）。它有皇城、内城、外城三重结构，有宫殿与王陵，有城墙与护城河，有城内的水路交通体系，有城外的水利系统，作为国都，其规格已绰绰有余。除了文字和青铜器，良渚文化在各个方面均已达到国家文明的要求。其实，只要打开思路，我们就会发现，通行的文明标准不应成为判断一个文化是否进入文明社会的生硬公式。青铜器在文明社会中承载的礼制规范的意义，在良渚文化中是体现在玉器上的。文字是记录语言、传承思想文化的工具，在良渚文化中，虽然尚未发现文字系统，但那些镌刻在玉礼器上的标识，也极大程度地统一着人们的思想，而大型建筑工事所反映出的良渚社会超强的组织管理能力，也透露出当时一定存在着某种与文字相当的信息传递方式。因此，良渚古城的发现，使良渚文明的确立一锤定音。

　　如今，良渚考古已经走过了 80 多个年头。从 1936 年施昕更先生第一次发现良渚的黑皮陶和石质工具开始，到今天我们将其定义成中国古代第一个进入早期国家的区域文明；从 1959 年夏鼐先生提出"良渚文化"的命名，学界逐渐开始了解这一文化的种种个性特点，到今天我们对良渚文明进行多领域、全方位的考古学研究与阐释，良渚的国家形态愈发丰满起来。这一系列图书，主要是由浙江省文物考古研究所致力于良渚考古的中青年学者，围绕近年来杭州市余杭区瓶窑镇良渚古城遗址的考古发现与研究，集体编纂而成，内含极其庞大的信息量。其中，包含有公众希望了解的良渚古城遗址的方方面面、良渚考古的历程、良渚时期古环境与动植物信息、代表了良渚文明最高等级墓地的反山王陵、为人们津津乐道的良渚高等级玉器、供应日常所需林林总总的良渚陶器……还有专门将良渚置于世界文明古国之林的中外文明比对，以及从媒体人角度看待良渚的妙趣横生的系列报道汇编。相信这套丛书会激起读者对良渚文明的兴趣，从而启发更多的人探索我们的历史。

可能很多人不禁要问：良渚文明和中华文明是什么样的关系？因为在近现代历史的观念里，我们是华夏儿女，我们不知道有一个"良渚"。其实，这不难理解。我们观念里的文明，是夏商以降、周秦汉唐传续至今的，在黄河流域建立政权的国家文明，是大一统的中华文明。考古学界启动"中华文明探源工程"，为的就是了解最初的文明是怎样的形态。因此，我们不该对最初的文明社会有过多的预设。在距今 5000 年的节点上，我们发现了良渚文明是一种区域性的文明。由此推及其他的区域，辽西可能存在红山文明，长江中游可能存在石家河文明，只是因为考古发现的局限，我们还不能确定这些文明形态是否真实。良渚文明在距今 4300 年后渐渐没落了，但文明的因素却随着良渚玉器得到了有序的传承，影响力遍及九州。由此可见，区域性的文明实际上有全局性的影响力。

人类的迁徙、交往，从旧石器时代开始从未间断。不同规模、不同程度、不同形式的人口流动，造成了文化与文化间的碰撞、交流与融合。区域性的文明也是一个动态的过程。目前来看，良渚文明是我们所能确证的中国最早文明，在这之后的 1000 多年里，陶寺、石峁、二里头的相继繁荣，使得区域文明的重心不断地发生变化。在这个持续的过程中，礼制规范、等级社会模式、城市架构等文明因素不断地传承、交汇，直至夏商。其实，夏商两支文化也是不同地区各自演进发展所至，夏商的更替也是两个区域性文明的轮流坐庄，只是此时的区域遍及更大的范围，此时的文明正在逐鹿中原。真正大一统的中央集权国家，要从秦朝算起。这样看来，从良渚到商周，正是中华文明从区域性文明向大一统逐步汇聚的一个连续不断的过程，万万不可将之割裂。

2019 年 5 月于良渚

代 序　Preface

瑶山访玉

芮国耀

瑶山是浙江西天目山脉与浙北杭嘉湖平原接壤处一座海拔不到 40 米的小山丘，其北面为绵延的天目山余脉，往南面向广阔的大平原。浙江八大水系之一的苕溪支流——东苕溪从其南面不远处曲折流过。山上林木葱郁，种植了大量的松树和茶树。瑶山在当地是一座很不起眼的小山，但在 1987 年的暮春时节，这里却引起了世人的瞩目。一些关于这座小山上有玉器的传言，在周围的乡村广为流传，进而引发了当地老百姓蜂拥至瑶山实行盗挖。一棵棵松树被砍倒，一株株茶树被连根拔起，数以百计的良渚文化玉器被盗挖出土，事态极其严重。很快，瑶山因盗掘出土良渚文化玉器的情况被层层上报，隔日，省市县三级公安部门强力出击，盗掘现场被控制，出土的良渚文化玉器被收缴。同时，浙江省文物主管部门决定立即对瑶山进行抢救性考古发掘，随即组成了以浙江省文物考古研究所为主体的，杭州市、余杭县的文物部门联合参与的瑶山考古队，考古队很快到达了发掘现场。

考古队的主要成员前一年刚刚参与了余杭反山良渚文化大墓的发掘，还多少沉浸在反山取得重大发现的兴奋和喜悦中。几个人站在瑶山顶部近 500 平方米的发掘区前，望着触目惊心的盗挖现场，内心似乎在期待着会有惊人的发现。制定好了发掘方案，考古队的住地却成了问题。通常考古队会选择在发掘工地附近的村民家中寄宿，而此时由于一些误解，当地村民对考古队怀有一丝敌意，考古队无法像往常一样在村子里安顿下来。无奈之下，只能向近旁的杭州市公安局安康医院求援，请他们腾出两间暂时不用的病房，用作考古队住地，并在医院的食堂搭伙。面对不甚理想的生活条件，考古队员却非常乐观，还不时地戏称自己为"精神病人"，在他们心里，装着的是抢救祖国历史文化遗产的神圣使命。

1987 年 5 月 7 日，在经过 2 天紧张的准备之后，考古队开始了对瑶山的抢救性考古发掘。发掘工作的第一步是先对盗掘现场进行清理。在清理完大片的盗掘坑后，考古队员庆幸只有一个较大的盗掘坑彻底破坏了一座良渚文化大墓，而在其余的盗掘坑中还没有发现严重破坏良渚墓葬的情况。倒是从盗掘坑的壁面上，考古队员通过仔细观察，发现了可能还存在其他良渚文化大墓的迹象。因此，之后的发掘工作也就严格按照田野考古工作规程，有条不紊地进行着。在事先布置的发掘探沟内，考古队员清除了山体表面的耕土层后，用手铲仔细地刮平土层表面，认真观察土色的不同。依据以往考古发掘的经验，特别是前一年反山发掘的经验，考古队员很快便在探沟内发现了良渚文化墓葬的痕迹。在逐步清除探沟之间的隔梁，扩大发掘区域后，良渚墓葬长方形的墓坑开口线被确认。考古队员按照墓葬发现的先后顺序，以流水号将墓葬依次编号，首先开始了 M1 的发掘。

这是一座南北长不到 3 米，宽仅 1 米左右的长方形土坑墓。在确认墓葬坑口开始下挖后不久，一件环镯形的玉器出土了，它与最后清理的墓坑底部高差近 20 厘米。仔细用小竹签剥剔出这件玉器的完整形态，考古队员发现与此相似的玉器还没有在以往良渚文化的发掘中见到。这件环镯形玉器整体呈宽扁的环状，外壁有四个纵向等距排列的凸块，上面琢刻了相同的图像。图像下端为宽平的嘴裂，露出平直的上唇和数枚上门齿，以浅浮雕突出。在上唇的两侧琢出圆形突起的鼻孔。图像上端与鼻翼相应的部分琢出一对圆突的眼球，两眼的上方用阴线刻出一对圆端的短角，短角的后方以示意性的浮雕显现近方形的两耳。在眼、鼻之间稍稍凹陷，表现长且大的鼻梁。在环体的侧面用很浅的浮雕和阴线表现深而长的嘴裂和鼻及头部的侧视外形。细细审视，可以看到这个图像的眼和牙近似牛或鹿，鼻如猪，角和耳非牛非鹿，似乎是各种动物的结合形态。如果以平面加一个侧面进行斜向观察，其形态与我国传统观念中的龙首甚为相似。在以往我国的古玉研究当中，这种造型的玉器被称为"蚩尤环"，其年代也被定在战国以后，瑶山的发现把这类玉器的年代提早了约 2000 年。在接下来的发掘中，考古队员发现这种龙首形图像以相同的形态还琢刻在玉璜和圆牌上面，同时还可以在其他的玉器上看到这种龙首形的简化形态。龙首形的图像，有别于良渚文化玉器上常见的神人兽面图像，成为良渚文化玉器上另一种极具特点的主题图像。

冠形器是较早发现的良渚文化玉器种类之一。冠形器的器体扁薄，平面多为上宽的梯形，在其底端多有数个对钻小孔。起初人们一直将这种小孔认作悬系孔，而泛称这类玉器为佩，也有学者称其为"倒梯形器"。由于其平面形态犹如良渚文化玉器上常见的神人兽面图像上部的羽冠形态，我们在反山良渚文化墓地发掘之时将其称为冠形器。在瑶山墓地中，不论墓葬规模大小、随葬品多寡，每座墓都有冠形器，而且每座墓也仅有一件冠形器。可见，冠形器在良渚文化玉器组合中占有重要地位，在某种意义上讲，冠形器的地位要高于其他玉器种类。在瑶山 M2 中，考古队员发现了一件十分精美的冠形器。剔开压在上面的泥土，就可以看到阴线琢刻的神人兽面图像。这个图像的上半部是头戴羽冠的神人，倒梯形的脸庞，刻有眼、鼻、口，还刻出了双臂；图像的下半部是兽面的形态，它露出獠牙，有几分狰狞。在神人兽面图像的两侧，近玉器的两端角分别琢刻引颈欲飞的鸟纹。整件玉器玉质温润，晶莹剔透；形象生动的刻纹向我们展示了冠形器的神圣化。考古队员还发现这件玉器底端凸榫上面有朱红色涂层，起取这件玉器后，发现在相同位置的背面也有同样的涂层。与凸榫相连的还有长约 10 厘米的有机质纤维物体，似乎这件冠形器是镶嵌在某种物体之上的组合玉器。可惜墓内保存状况太差，不能确认和起取它的完整形态。几年以后，在海盐县周家浜良渚文化墓地中，发现冠形器确是镶嵌在象牙质的梳形器上的。

考古队员在起取 M2 北端的时候，在陶豆下发现了一件鸟形玉器，这类玉器在瑶山仅此一件。反山墓地发现的玉鸟用简单的刻线琢出鸟背、鸟头和鸟眼。这件青绿色的玉鸟腹部平直，钻有三对隧孔，应是一件缝缀之物。其以浅浮雕结合阴线琢刻鸟的头部形态，如同神人高空俯视看到的鸟。这与反山出土的玉鸟相似。有意思的是，在鸟的背部又以阴线刻出兽面图像的眼及鼻孔。如果要正视这个图像，这件玉鸟则要倒着看，这样它又如牛首。如此的造型，令人称奇。

M7 是整个瑶山墓地发掘墓葬中随葬品最为丰富、规格等级最高的一座。它的长方形墓穴长逾 3 米，宽 1.6 米，深约 1.3 米。虽然在瑶山各个墓葬中没有发现葬具的实物，但考古队员们从现场清理中判断良渚文化这个时候的大墓中存在棺，甚至有椁。根据 M7 内出土玉器的状况及墓底的迹象观察，这个墓在埋葬时有棺、椁类葬具。出土的玉器、石器、陶器、漆器等随葬品在墓底棺的范围内层层叠叠。墓内出土各类随葬品共 158 件（组），如以单件计算的话达 670 多件，其中玉器就占了 98％以上。在良渚文化的墓葬中，墓主基本上是头向南仰身直肢埋葬。在瑶山墓地中，基本上没有发现死者的遗骸，而在 M7 的南部，考古队员则发现了墓主头骨腐朽后的痕迹和牙齿的残骸，这更明确地说明这个墓的墓主也是头向南埋葬。顺着墓南部头部位置，考古队员们极其仔细地清理随葬品，尽可能不损坏玉器的一丝一毫，不放过任何可能以此确认随葬品组合关系的蛛丝马迹。尤其是随葬玉器之间的组合配伍的遗迹现象，是考古队员力求从认真仔细的发掘中获取的。随着发掘工作的进展，M7 内随葬玉器的情况渐渐重现。我们来看看墓内随葬品的分布：在墓内最南端有一组由 29 件玉管串联的管串，它远离随葬品集中的部位，可能是某种葬具上的玉饰件，因木质葬具腐朽塌陷而跌落移位。在头骨朽痕的一侧是冠形器，而另一侧有一件三叉形器。此类玉器在反山、瑶山发掘之前仅见到传世品，考古队员对其确切用途还不清楚，暂时以其上半部有并列的三个枝杈形态而名之。清理过程中就发现这件三叉形器的出露一面上，也是以阴线琢刻神人兽面图像。神人图像分左右两半分别刻在外侧的两叉上，而兽面图像则刻于中叉的下端，构思十分精巧。而中叉略低于左右两叉，出土时连接一个长长的玉管，推测三叉形器可能是用于穿插组装的一种头饰。这件三叉形器出土时其上还叠压了一组锥形器，有断面为圆形的长条形，也有断面方正的长锥形。锥形器是良渚文化最常见而又最具特征的玉器，有的成组集束出现在墓主头部的位置，也有零散的单件出现在墓葬的中部。锥形器的功能还不十分明确，目前多是采用描述性的命名。在断面为方形的锥形器上也琢刻简化的神人兽面图像，显然在良渚文化玉器当中，锥形器也是一个比较重要的玉器种类。

大约在墓主右肩部的位置，有一件刃部向西的玉钺，它原来可能持于墓主的右手。钺是由斧发展而来的，多数学者将其当作军事统帅权的象征。这是一件组合套装的玉钺，在它的南端有钺冠饰（瑵），北端有钺端饰（镦），瑵、钺、镦三件玉器组成了完整的玉钺形态。瑵与镦之间的有机质柄已朽，只能以两者间距推知这件钺的柄长约是 80 厘米。这套豪华型组装玉钺的瑵和镦表面都琢刻了简化的神人兽面图像，似乎表示了军权与神权的相互结合。

墓中部随葬的玉器比较密集，单单集中放置的不同形态的镯形玉器就达 9 件之多，平面上看分别放置在两侧的位置，原来应是戴在墓主的左右两臂，观察镯形玉器的不同形态以及它们的分布状况，可以发现这些镯形玉器似乎有臂环和腕镯之区别。与镯形玉器集中在一起的还有两件玉琮。这种外表为方形、中穿大圆孔的玉琮是良渚文化中极具内涵的玉器种类，被认为是原始巫教中用作沟通天与地的中介物品。历史文献中曾经记述玉琮为"六瑞"之一，并有"黄琮礼地"的说法，那应该是三代以后人们对这类玉器的看法了，不是良渚文化玉琮的真实写照。目前发现的良渚文化玉琮都琢刻有神人兽面图像，在我们以后的研究中发现也只在玉琮上，可以看到神人兽面图像从繁缛到简化的发展序列。这表明神人兽面图像与玉琮有着密不可分的关系。

良渚文化显贵者大墓中，随葬的陶器放置在墓的北部，鼎、豆、圈足罐和缸是其基本的组合。M7 陶器的南边有一件三角形的牌饰。这是一件十分精致的透雕玉器。整器采用透雕和阴线刻技法，琢出兽面图像。两角各对钻一个圆孔为眼，眼睛的两侧镂扩成弧边三角形镂孔，作为眼眶及眼睑。两眼之间的额头以不规则的长条形镂孔表示，阴线刻的卷云纹表示鼻孔。鼻下端有弧边十字镂孔，像是嘴巴。眼眶下各有一个锯齿状突出，颇似蛙爪，十字镂孔及其两侧的形态更似蛙的后腿，所以整个器形又如变形的伏蛙。

从上面对这座随葬品最丰富的墓葬的描述中，可以看出它主要的器类组合是玉琮、玉钺、玉三叉形器、成组的玉锥形器等。

如此精妙绝伦的玉器不断出土，良渚文化显贵者墓葬接连发现，考古队员们难以抑制兴奋的心情。但是，考古发掘工作仍在紧张地进行着，发掘工作很快进入到最后的阶段。当最后一座墓葬，也就是 M11 被完整清理出来后，考古队员们这才长长地舒了一口气。

这又是一座随葬品极为丰富的墓葬，单单玉器就出土了 530 多件，紧凑地布列在棺的范围内。在墓南部紧靠冠形器处有 3 件玉璜放置在一起，并且有管串连在一起。考古队员们精心剥剔出这些管串原来的串联状态，并进一步判断各个管串与不同玉璜的连接关系，这将有助于复原当时埋葬时的玉器组合原貌。这 3 件玉璜的造型各不相同。其中一件透雕的玉璜，是采用透雕和阴线刻相结合的技法，琢刻神人兽面图像。而另一件玉璜，在它的圆弧的底缘浅浮雕及阴线刻四个龙首形图像，龙首的方向一致，等距离纵向排列。这个墓内共出土了 4 件玉璜，另外一件在墓的中部发现，也就是放置在墓主胸腹部的位置，它的附近有成组的圆牌。在瑶山墓地中，凡一墓出土 2 件玉璜的，靠近头部的玉璜有管串相连，在胸腹部的那件玉璜则与圆牌。前者判断为墓主的项饰应该无误，而后者可能具有周代出现之组玉佩的功能。

在这座墓中部也出土了 9 件镯形玉器，数件叠放在一起。其中一件外壁琢平行的斜向凸棱，可以称作是绞丝纹琢。在此之前，传统上将绞丝纹琢的年代定在汉代以后，而在良渚文化墓葬中发现实属惊奇。墓北部的陶器近旁，考古队员精心剥剔出了一件玉质纺轮，中孔有一根青玉细杆穿于其中，杆尖端还钻有小孔，孔眼极细，仅可供丝线穿过。制作工艺如此精湛，令人叹服。在钱山漾遗址曾经出土过良渚文化的丝麻织品，如此精致的玉质纺轮出现，也从另一个侧面反映了良渚文化纺织手工业的状况。

转眼到了初夏时节，天气渐渐变热，考古队员们的工作激情也日益高涨。经过一个月的紧张发掘，考古队员共清理了 11 座良渚文化显贵者墓葬，连同被盗挖的一座，12 座墓共随葬了良渚文化玉器 2500 多件。后来在 20 世纪 90 年代后期对瑶山的再次发掘中，又清理了一座良渚文化墓葬，那已是后话了。

瑶山出土的玉器几乎涵盖了良渚文化玉器的所有种类，但是，我们惊奇地发现，整个瑶山良渚文化墓地中居然没有出土一件玉璧。玉璧是良渚文化中除了管、珠之外出土数量最多的一种器类。与瑶山墓地年代相近的反山墓地就出土了数十件玉璧，其中一座墓中出土的玉璧达 50 多件。虽然在良渚文化墓葬中琮和璧不存在一定的组合配伍关系，但在如此高等级的瑶山墓地中没有发现一件玉璧，确实使人感到十分疑惑，至今还不能对这种现象做出比较合理的解释。

站在发掘区南面搭建的高高的毛竹架子上俯视整个墓地，可以看到十几座良渚文化大墓排列得十分规整，它们分成东西向的南北两行[①]排列。那么这南北两行墓葬的排列具有什么意义呢？综合瑶山墓地各个墓葬随葬玉器的状况，可

① 这里的南行、北行即正文中的南列、北列。

以发现每座墓中都出土的玉器只有冠形器，而且每座墓只出一件。在南面这行墓葬中，出土的玉器器类还有琮、钺、成组锥形器和三叉形器等；而北面那行墓葬出土玉器的主要器类是璜和圆牌，还有纺轮。南北两行墓葬的排列和随葬玉器的组合具有一致性。由于在这些墓葬中没有获取人骨的资料，按照史前时期墓葬的常例，凡是纺轮与斧（或钺）不共出，一般可作为判断墓主人性别的标准。这样，我们可以将南行的墓葬确定为男性的墓葬，而将北行的墓葬判定为女性的墓葬，这大概没有太大的问题。

整个墓地基本上是在瑶山西北坡依山势而堆筑，发现的墓葬埋在它的中心区域，这一区域大致平整，堆筑考究，而且处在最高处。平面呈方形，表面看有里外三重土色。最里面的一重土偏东部，为红色土，略呈方形，面积为 40 多平方米，为正南北向。第二重土为灰色，围绕着中间的红土，平面呈回字形，堆积剖面为方角沟状，灰土比较疏松。在第二重灰土的西、北、南三面，是黄褐色土筑成的土台，台面平整，从现场看，原来台面铺有砾石。在这重黄土砾石台面的西、北缘，各有一道由砾石叠砌而成的石坎，叠筑整齐，自土台向外呈斜坡状。两道石坎平面呈直角相连，石坎之上覆黄褐色斑土。全部墓葬就埋在这么一个区域内，平面面积约 400 平方米。因此，考古队员们大胆地提出这可能是具有祭坛性质的遗迹，这些墓葬的主人可能就是生前担负沟通天地神灵职责的巫和觋。他们是这个社会的统治者，墓内随葬的玉器应是代表他们身份等级的玉礼器。

滔滔长江，滚滚东流，在临近大海处形成一片广袤的三角洲平原。三角洲的江南部分围绕着太湖，包括了江苏的苏南平原、浙江的杭嘉湖平原和上海市。自马家浜文化开始，这里的新石器时代文化十分发达，经过崧泽文化到良渚文化，长达3000年，具有悠久的发展历程。马家浜文化、崧泽文化和良渚文化是按照考古界的惯例，分别以最先的发现地——浙江嘉兴的马家浜、上海青浦的崧泽和浙江余杭的良渚——而命名的。良渚遗址最早在1936年就进行了发掘，考古工作者经过近70年的调查发掘研究，在良渚周围30多平方公里的范围内发现了百余处良渚文化遗址，考古界因此将其称为良渚遗址群，瑶山遗址则处在良渚遗址群的东北角，是良渚遗址群乃至整个良渚文化等级最高的重要墓地之一。考古资料表明，良渚遗址群已成为实证中华5000年文明历史的重要地点。

玉器是良渚文化的重要内涵。良渚文化所在的太湖流域用玉的历史非常久远，在距今6000多年的马家浜文化就发现了玉玦等玉器，表明这一区域也是中国最早使用玉器的地区之一。根据考古发现的情况，马家浜文化使用的玉器都为装饰品，玉件都很小。到了新石器时代晚期的良渚文化，用玉达到了高峰。考古发掘的绝大多数良渚文化墓葬中都发现把玉器作为随葬品，尤其是在良渚文化显贵者大墓中，玉器已经以成组玉质礼器群的状态出现，玉器拥有了神圣的地位。瑶山，就是一个杰出的代表。

——广东省博物馆编：《考古人的兴奋》，岭南美术出版社，2006年1月。[原文插图略，另附野外工作照片（图代序-1—图代序-27），照片均由瑶山考古队拍摄。]

几点认识

（一）这次发现的由红土台、灰土围沟、砾石面组成的近方形的三重遗迹，是发掘中的最大收获。按现存的表层，上面没有发现房屋等具有空间的建筑物的迹象，仅为一土建实体，故名之为坛。从石墈外存在漫坡状的护坡土和一墓同时打破两重遗迹的墓葬判断，三重遗迹之间不存在台阶状的高差，推测原坛表面为漫坡状土丘。

在现存的瑶山顶部，没有发现生活遗迹或遗物。红土台、灰土围沟、砾石面等遗迹边壁平齐，转角方正，布局规整，位于山顶之上，连围沟中的灰色填土，也是特意从山外搬运来的。可以想见，这是一项经过精心设计、认真施工，具有特定用途的建筑。

布列在土坛上的12座墓葬，为我们认识土坛的功能提供了线索。从时间关系看，12座墓葬全部打破土坛，表明建坛早于埋墓。但从砌于石墈中、覆盖于石墈之上的护坡内和打破护坡土的墓葬中出土的陶鼎、篮纹夹砂陶缸等遗物，却具有同一时期的特征。也就是说，在建坛时所使用的陶器的特征，到埋墓时还没有发生变化。建坛和埋墓先后相隔不久，因而可能出于同代人之手。这一点也说明两者存在某种联系。从发掘情况看，所有墓葬都没有超越土坛的范围，12座墓分为南北两列。在南列7座墓中，M2、M12、M7自东向西打破红土台和灰土围沟，随葬品都较丰富。M12居中，随葬品为数最多，仅玉琮就达7件；琢有兽面纹的琮式管多至38件以上。在北列诸墓中，M11墓坑最大，随葬品最丰厚，其东壁也打破了红土台。红土台是三重组合土坛的核心，而打破红土台的墓恰恰也是同列诸墓中最大或较大的。就土坛而言，作为核心的红土台偏东，西侧有较大的空间。上述几座墓也偏向东侧。南列 M12 之东仅有 2 座墓，而其西有 4 座墓；北列 M11 之东仅有 1 座墓，而其西则有 3 座墓。营造土坛时平面布局的构想和墓列的顺延方向具有明显的同一性。

然而，这种土坛并不仅仅是一处专用墓地。

从平面位置上看，12 座墓仅占土坛的南半部。虽然墓分南北两列，但两列之间不存在时间先后。北半部的空旷地带显然不是留作后代埋葬用的。

建坛的地点选择在山顶之上，如果仅是为了避潮防湿，不需要在山顶再建土坛。这高上加高应含有通向上天之意。坛作方形，和传统的"地方"说也许不是偶然的巧合，我们认为这类土坛是以祭天礼地为主要用途的祭坛。

祭坛是巫觋们表现"神"的存在和神权的专用场所，而祭坛的主事者（祭师或巫觋），则是神的代言人，是神权的执行者。祭坛上的墓内随葬如此众多的玉质礼器，鲜明地反映了墓主生前的特殊身份。我们认为这里埋葬的就是巫觋。这种现象也见于中美洲，玛雅文化的祭坛上就埋有祭师。埋葬在祭坛上的巫觋，可能也是祭祀的对象。以上推断是否有当，尚祈有识者教正。

（二）瑶山墓葬分南北两列。两列墓的随葬品中，陶器的形态及组合均相同；占玉器大宗的管、珠和常见的柱形器、杖端饰、镯等也没有区别。南列诸墓共见的琮、玉（石）钺、三叉形器和与之配套的成组锥形器等重器为北列诸墓所无；而北列诸墓的璜和纺轮又为南列墓所未见；北列常见的圆牌在南列仅见一例。按史前墓葬的常例，凡纺轮和斧（钺）不共见者，一般作墓主人性别的区分。据此，三叉形器和与之配成的成组锥形器，应是男性冠饰。在反山发现璜和圆牌的 M22 和 M23 也不见钺、三叉形器和成组锥形器，可以作为旁证。如是，琮也是男性墓的随葬品。那么，瑶山墓地的琮全部出自男性墓。在反山，出璜和圆牌的墓仅 M23 出琮一件。由于北列墓明显少于南列，不同性别的墓主不一定是配偶关系。

前已述及，同列墓中随葬品，以近祭坛内重（红土台）者最丰，同列各墓的穴位序列很可能是墓主生前在祭祀典礼中的地位和作用的一种反映。可以认为，巫觋当时已经组成了包括不同地位的某种集团或阶层。

（三）玉琮是良渚文化的重器。M12:1 琮上的图案，表现了神人与兽面的复合图形。嘴内露出獠牙的兽面是一种表象、躯壳，阴线细刻的若隐若现的神人是其灵魂。复合的实质是人们把一种特定的兽加以人化，这就是神。M7 和 M3、M10 出土牌饰的图案，表现的是神人凌驾于兽面；M7:26 和 M3:3 两件三叉形饰则表现神人与兽面复合的另一种图形。据此，我们认为可以把这种图形简称为兽面神，它正是良渚人主要崇拜的神。瑶山北列诸墓所出的镯、璜、圆牌上表现的龙首形，可能是另一种被神化了的动物。如果这些墓为女性墓，那么可能意味着女巫除礼拜兽面神之外，还另有专司。瑶山诸墓未见一件玉璧，在已知良渚显贵者墓中实属例外，不知供奉上是否有其他含义。

——浙江省文物考古研究所：《余杭瑶山良渚文化祭坛遗址发掘简报》（芮国耀执笔，牟永抗改定），《文物》1988 年第 1 期，第 49–51 页。

图代序 -1　瑶山遗址（1）

图代序 -2　瑶山遗址（2）

图代序-3　瑶山遗址（3）

图代序 -4　瑶山遗址（4）

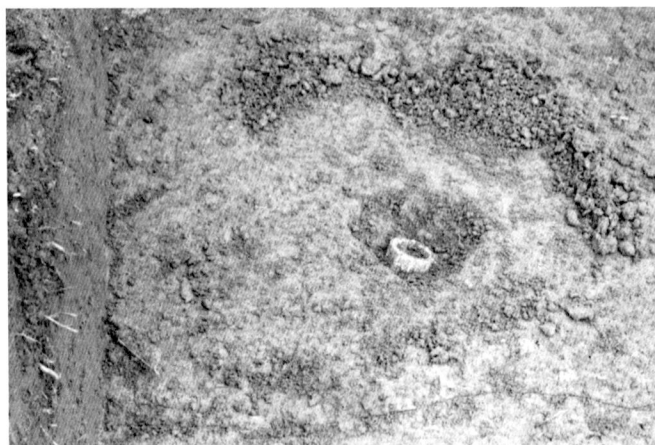

图代序 -5　瑶山 M1 龙首镯出土（上）
图代序 -6　瑶山 M2 清理（下）

图代序 -7　瑶山 M4 测绘（1）

图代序 -8　瑶山 M4 测绘（2）（左上）

图代序 -9　瑶山 M4 记录起取（左下）

图代序 -10　瑶山 M4 现场记录（右上）

图代序 -11　瑶山 M4 玉璜、冠状器和管串出土（右下）

图代序 -12　瑶山 M4 玉璜和圆牌串饰出土（左）
图代序 -13　瑶山 M6 测绘（右）

图代序 -14　瑶山 M7 剥剔（左）

图代序 -15　瑶山 M7 测绘（右）

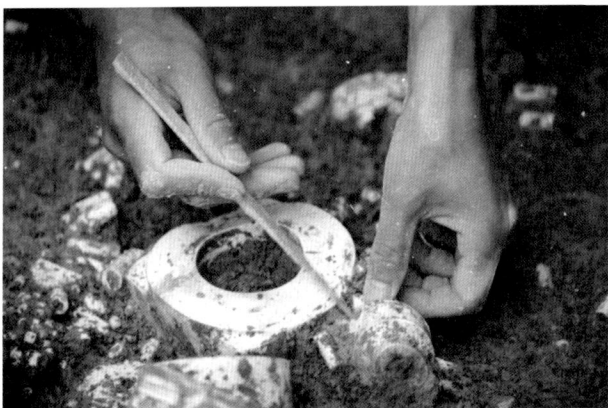

图代序-16　瑶山 M7 绘图（上）
图代序-17　瑶山 M7 清理（下）

图代序 -18　瑶山 M7 清理剥剔（左）
图代序 -19　瑶山 M7 清理（1）（右）

图代序 -20　瑶山 M7 清理（2）（左）
图代序 -21　瑶山 M8 测绘（右）

图代序 -22　瑶山 M8 清理

图代序 -23　瑶山清理完的 M9（图中左）和测绘中的 M7（图中右）（上）

图代序 -24　瑶山新闻发布，记者在现场采访（下）

图代序 -25　瑶山新闻发布，记者在现场

图代序 -26　南京博物院、上海博物馆考古部同行到现场参观指导（上）
图代序 -27　牟永抗先生向南京博物院、上海博物馆考古部同行介绍瑶山（下）

目 录 Contents

第一章 瑶山遗址的发现、发掘和相关研究

一 发现瑶山 007

二 1996 年度至 1998 年度瑶山发掘 022

第二章 瑶山遗址的年代、范围和营建过程

一 瑶山遗址主体年代 040

二 瑶山遗址主体范围 046

三 瑶山遗址的营建使用过程 050

第三章 瑶山遗址祭坛遗迹和埋墓

一 祭坛遗迹核心及功能 060

二 墓葬年代、现状与祭坛遗迹的关系 068

第四章 瑶山遗址核心墓区的各墓葬仪

一 以 M10 为代表的核心墓区埋设的第一阶段 083

二 以 M7 为代表的核心墓区埋设的第二阶段 174

三 以 M12 为代表的核心墓区埋设的第三阶段 194

第五章　关于瑶山遗址西部墓葬　　　　　　　　　　　　　　　241

第六章　瑶山遗址与良渚早期社会

一　瑶山遗址核心区墓葬成组玉礼器反映的身份、等级和地位　　250
二　瑶山遗址核心区墓葬时期的良渚古城遗址　　　　　　　　257
三　瑶山遗址核心区墓葬时期的太湖流域　　　　　　　　　　270

尾　声　　　　　　　　　　　　　　　　　　　　　　　　281

后　记　　　　　　　　　　　　　　　　　　　　　　　　285

瑶山遗址的发现、发掘和相关研究

生产力的发展，将良渚社会带入空前富裕和繁荣，也为社会的进一步分化提供了物质条件。和崧泽文化的时代相比，良渚文化社会的阶层划分更为明确，并且扩展到各个角落，而不仅仅限于中心聚落。有证据表明，社会最上层贵族的身份地位是按血缘世袭的。他们掌握了社会最高的宗教神权和军权，拥有当时手工业制造的最高端产品，如玉器、象牙器、漆器、精制陶器以及大量丝绸；他们可以驱动大量社会劳动力，修建宫殿、城防之类的大型工程，其主要目的当然是保护自己的利益；他们死后，则被埋葬在专门的墓地里。……大量的统计表明，良渚社会已经出现了一套专门的制度，用来规定不同社会成员享用棺椁葬具和随葬品的数量以及规格。如果放在商周时期，这就是所谓的礼制。

——严文明主编：《中华文明史（第一卷）》，北京大学出版社，2006 年，第 58–59 页。

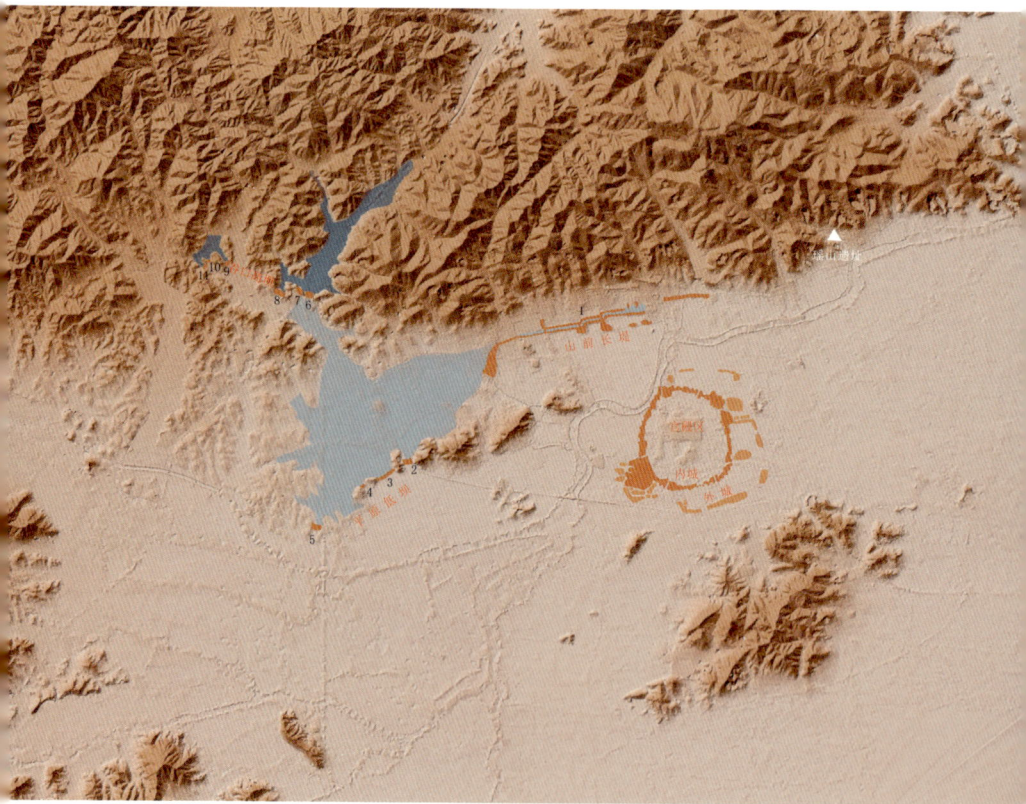

1. 塘山　2. 狮子山　3. 鲤鱼山　4. 官山　5. 梧桐弄　6. 岗公岭　7. 老虎岭　8. 周家畈　9. 秋
坞　10. 蜜蜂弄

图 1-1　良渚古城和瑶山遗址

瑶山遗址位于良渚遗址群东北角（图1-1），距离良渚古城约5公里。

瑶山遗址是良渚古城遗址一处重要的高等级王陵和祭坛复合遗址，其行政区划属浙江省杭州市余杭区（原余杭市）安溪镇（现为良渚镇）下溪湾村。

1987年，因当地村民盗掘，遗址被发现。随即由浙江省文物考古研究所组织进行抢救性考古发掘（图1-2），确认为良渚文化时期墓葬与祭坛复合的遗址。

1996—1998年，浙江省文物考古研究所对瑶山遗址又前后进行5次发掘，对遗址做了全面揭露，基本搞清了瑶山遗址平面布局和营建结构。2017年，为良渚古城遗址申遗展示，浙江省文物考古研究所对瑶山遗址包括原先保护砌筑的石台进行了揭露，并完成了复原展示。

瑶山遗址考古发掘和揭露的面积近5000平方米，高等级墓地和祭坛位于经过堆砌修整的瑶山遗址顶部，也就是遗址的核心部分。遗址的北、西、南三面从山脚起营建堆砌，东与自然山体连接，整个遗址呈东高西低之势。在营建堆筑过程中，因为山体往西、北的自然倾斜度较甚，采用了不同方向的条状石坎和护坡，从而形成不同高差或坡度的台面。遗址的南、北边缘部位有明显的陡坡，与核心区域有高达9米的落差，更加突出了遗址核心区域的恢宏气势。除核心区域之外，遗址的平面基

图 1-2　1987 年瑶山发掘（从瑶山西侧凤凰山东望）

本呈漫坡状。核心区域处在瑶山遗址山顶的东北部，为三重土色遗迹，中间为大致呈方形的红色土，周围是平面呈回字形的灰色土堆积，外围由黄土铺成平整的台面，局部似有砾石铺面。三重遗迹边壁整齐，转角方正，布局规整，显然是经过精心设计、认真营建的。

在核心区域发现了一处良渚文化的高等级墓地，共有 13 座墓葬，其中 M12 墓被盗。全部墓葬分成东西向的南北两列排列：南列 7 座自西向东分别为 M3、M10、M9、M7、M12、M2、M8；北列 6 座自西向东分别为 M1、M4、M5、M11、M14、M6。根据出土遗物推测，南列的墓主为男性，北列的墓主为女性。墓葬中出土的随葬品以玉器为主，其他有陶器、石器。随葬器物编号 765 件（组），以单件计共 3004 件。以玉器为主要随葬器物，玉器编号共 689 件（组），以单件计共 2926 件。南、北两列墓葬出土陶器的基本组合相同，为夹砂陶鼎、泥质陶豆、夹砂陶圈足罐，南列墓葬还随葬夹砂陶缸。南列墓葬除陶器外的器物组合为玉冠状器、带盖柱形器、三叉形器、成组锥形器、钺、小琮及石钺；北列墓葬除陶器外的器物组合为玉冠状器、璜、圆牌和纺轮，没有石器（仅北列最高等级的 M11 随葬带盖柱形器）。根据对随葬陶器组合和玉器种类形态特征的研究判断，确认墓葬的主体年代为良渚文化早期阶段。[①]

一　发现瑶山

瑶山的发现，要从 1986 年反山考古和纪念良渚遗址发现 50 周年学术讨论会说起。

反山，位于良渚古城西北，莫角山遗址的西侧，是一处东西长近140 米，南北宽约 40 米，高出周边地表 4 米的大土墩。1986 年 5 月 8 日，

[①] 浙江省文物考古研究所、南京博物院、上海博物馆编著：《良渚考古八十年》，文物出版社，2016 年，第 101-102 页。

浙江省文物考古研究所反山考古队进驻反山工地。5月9日，反山正式
开始发掘。5月31日，浙江第一座良渚文化大墓反山 M12 确认。至7月
5日，反山考古队完成 M12～M19 的发掘清理工作，暂时返回杭州。7
月7—10日，领队王明达在吴家埠工作站撰写完成《浙江余杭反山发现
良渚文化重要墓地》(后刊登在《文物》1986年第10期)。9月3日，反
山考古队继续开始下半年发掘，先后清理发掘 M20～M23，10月4日
全部墓葬清理完毕，10月10日全体考古人员撤离。

　　反山共清理良渚文化时期高等级墓葬11座，包括以 M12 为核心的
良渚文化早期高台墓葬9座和良渚文化晚期再次筑高后残存墓葬2座。
出土随葬品1200余件（组），其中陶器37件，玉器1100余件（组），出
土玉器中有近百件雕琢了精细的纹样，以 M12 的权杖、大玉琮、大玉钺、
柱形器和 M22 的大玉璜上的神人兽面纹最为突出，反山是已知良渚文化
遗址出土玉器数量最多、品种最丰富、雕琢最精美的一处高等级墓地，
堪称王陵。①

　　1986年11月2—5日，浙江省文化厅、文物出版社、浙江省文物考
古研究所、浙江省博物馆、南京博物院、上海博物馆等8家单位发起，

....

① 　浙江省文物考古研究所:《反山》，文物出版社，2005年。凡是反山考古资料，
均参见本报告，不一一另注。

在杭州举行纪念良渚遗址发现 50 周年学术讨论会。会议提交论文 50 余篇，其间会议代表参观了反山墓地，观摩了浙北小墓的分期材料。由于一些原因，会议未出版正式论文集。1987 年 12 月，以余杭县政协文史资料委员会名义，作为余杭文史资料第三辑刊印了《良渚文化》小册子，收入文章（摘要）24 篇，附有良渚文化遗址分布图一幅。本次讨论会，王明达在《"良渚"遗址群概述》中首次提出"良渚遗址群"，牟永抗、刘斌共同执笔发表《论良渚——良渚发掘五十周年之回顾》[1]。严文明做了"良渚文化研究的新阶段"的讲话。[2] 建立分期是良渚文化研究的基础，

---

① 　"良渚文化时已经产生了相当数量的社会'财富'，并集中到少数人的手中，私人财产正在迅速增加；原始宗教相当发达，构成了上层建筑的一个重要组成部分，产生了以玉琮、玉钺为首的代表神权与军权的礼器系统；兽面神像所表现的形貌，已成为良渚文化圈内共同的崇拜神像，是融合艺术与宗教为一体的良渚原始宗教和礼仪制度的代表和象征；巫觋与行政首领是良渚统治者的双重身份；精致的艺术品玉器的大量出现并用于无实际生活价值的礼仪活动，标志着专业工匠和宗教职务人员等组成的'知识'阶层的产生；能埋入高台墓地的只是少数的显贵者，高高在上的大墓和星布于居住址内的小墓，反映出人们社会关系的分裂。"（牟永抗：《论良渚——良渚发掘五十周年之回顾》，载牟永抗《牟永抗考古学文集》，科学出版社，2009 年。）

② 　"因此良渚文化对于中国文明的形成和发展都起了十分重要的作用，这在以前是估计不足的。"（严文明：《良渚文化研究的新阶段》，载严文明《史前考古论集》，科学出版社，1998 年。）

1986 年 10 月，浙江省文物考古研究所对 1978—1986 年发掘的浙北 7 处 80 座小墓进行了系统整理，根据随葬品组合和单个器物演变序列，首次建立起良渚文化的基本分期，芮国耀执笔的《浙江良渚文化小墓的分期》研究成果在本次学术讨论会上进行了汇报。

正当大家沉浸于反山石破天惊的发现和良渚文化研究开启新进程之时，1987 年 5 月 1 日，余杭安溪下溪湾村当地村民在窑山（今瑶山）、余杭与德清交界的羊尾巴山进行盗掘，并在窑山挖出了大量良渚文化玉器。正在家乡安溪后河村休假的浙江省文物考古研究所文保通讯员马竹山闻讯后，于次日向安溪乡文化站站长颜云泉汇报，二人火速前往窑山和羊尾巴山，及时制止仍在盗掘的村民，颜云泉随即报告了上级文物主管部门。

当日，杭州市和余杭县文物主管部门负责人赶赴现场，由安溪乡政府和余杭县文物管理部门派员，协助公安部门收缴被盗文物，同时，事发现场由当地政府负责保护（图 1-3）[①]。

① 浙江省文物考古研究所：《瑶山》，文物出版社，2003 年。凡是瑶山考古资料，均参见本报告，不一一另注。

图 1-3　1987 年 5 月 5 日牟永抗先生拍摄
的瑶山现场照片和现场收缴的出土玉器

　　余杭县文物管理委员会经过调查,收回被盗玉器 344 件,计玉琮 7 件、半圆形器冠饰 4 件(1 组),锥形器 9 件,刻纹玉管 37 件,玉钺、小玉琮、玉圈足、坠、玉盖纽、玉匕、玉匙、带卯杖端饰、镶插端饰各 1 件,带盖柱形器 1 组,柱形器 9 件,大玉管 2 件,玉珠 22 颗,隧孔珠 3 颗,玉管 233 颗,镶嵌玉粒 27 粒[①]。

　　1987 年 5 月 3 日下午,浙江省、杭州市、余杭县三级文物管理部门和公安部门的负责人抵达现场,决定在打击盗掘、收缴文物的同时,由浙江省文物考古研究所组成考古队,立刻进行抢救性考古发掘。5 月 4 日,浙江省文物考古研究所向国家文物局提出抢救性发掘申请,组成由牟永抗、王明达为领队的考古队,杭州市文物考古所、余杭县文物管理委员会办公室也派人参加发掘。

　　5 月 5 日,浙江省文物考古研究所牟永抗、芮国耀,杭州市文物考古所桑坚信,余杭县文物管理委员会办公室王云路到达现场,进行发掘前的准备工作。5 月 7 日,正式发掘(图 1-4)开始,自始至终参加发掘的有浙江省文物考古研究所牟永抗(领队)、芮国耀(现场负责人)、沈岳明、陈欢乐以及杭州市文物考古所桑坚信。其间参加发掘的还有浙江

---

① 　余杭县文物管理委员会办公室:《浙江省余杭县安溪瑶山 12 号墓考古简报》,《东南文化》1988 年第 5 期。该数据为简报原有数据。

图 1-4　瑶山 1987 年发掘场景

省文物考古研究所刘斌、费国平，浙江省文物考古研究所强超美承担了录像和照相工作。余杭县文物管理委员会办公室王云路、安溪乡文化站颜云泉协助做了大量的行政后勤工作。

考虑到当地称作"窑山"的地名颇为多见（多烧造宋代韩瓶），容易产生混淆，考古队取"窑""瑶"同音，将"窑山"改为"瑶山"。

6 月 4 日，瑶山发掘结束。发现一处良渚文化时期祭坛遗迹和 11 座良渚文化时期墓葬,11 座墓葬共出土随葬器物 707 件（组）,分陶器、漆器、石器和玉器四大类。

图 1-5　瑶山 1996 年发掘时张忠培先生等至工地，
背后即瑶山 1987 年发掘后作为保护和展示的石台

　　由于确定了保护性发掘的原则，瑶山发掘结束后，考古队用原土回
填墓坑，并在整个遗迹之上覆盖了近 1 米厚的土，再封砌石台，做现场
保护，在石台表面用砖、石勾勒出遗迹和墓葬的平面轮廓，略做展示。（图
1-5）

　　《文物》1988 年第 1 期分别刊发浙江省文物考古研究所反山考古队
《浙江余杭反山良渚墓地发掘简报》（王明达执笔）和浙江省文物考古研
究所《余杭瑶山良渚文化祭坛遗址发掘简报》（图 1-6）。

　　1986 年的反山发掘与 1987 年的瑶山发掘，同时被评为"七五"期

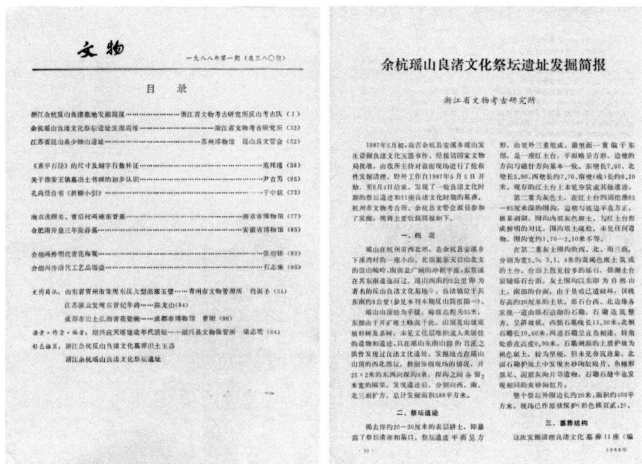

图 1-6　瑶山 1987 年发掘简报

间全国十大考古新发现。

继《文物》1988 年第 1 期刊发反山、瑶山发掘简报之后，《文物》1989 年第 5 期发表牟永抗《良渚文化玉器三题》，《文物》1989 年第 12 期发表王明达《反山良渚文化墓地初论》。1989 年，牟永抗在《庆祝苏秉琦考古五十五年论文集》上发表《良渚文化玉器上神崇拜的探索》（文物出版社，1989 年）。1989 年，文物出版社和两木出版社联合出版浙江省文物考古研究所、上海市文物管理委员会、南京博物院联合编著的《良渚文化玉器》大型图录，牟永抗撰写前言。反山、瑶山的发现，以及由此掀起的良渚文化玉器研究高潮和良渚社会性质的深入讨论，在学术界引起了强烈的反响。

1949—1979 年 30 年间浙江文物考古工作的新石器时代考古，重点是马家浜、河姆渡文化考古，良渚文化考古发现主要是小型墓葬。按《三十年来浙江文物考古工作》中的表述，良渚文化仅 "是我国新石器时代末期一支发展程度较高的原始文化"；不过，对良渚文化的年代问题，基于嘉兴雀幕桥等遗址的碳 -14 测定数据，认为良渚文化 "不仅比山东典型龙山文化为早，它的上限还早于河南龙山文化，从而纠正了良渚文化一般要晚于龙山文化的说法"[1]。这一时期，江苏省良渚文化考古因为草鞋山遗址随葬琮、璧大型玉器的首次发现，走在了良渚文化研究的前头，但对于年代问题的认识，仍坚持江苏新石器时代晚期文化 "有龙山文化和良渚文化两个文化系统"[2]。

反山、瑶山发掘后，1979—1989 年 10 年间浙江新石器时代考古的

[1] 浙江省博物馆：《三十年来浙江文物考古工作》（执笔：牟永抗），载文物编辑委员会编《文物考古工作三十年（1949—1979）》，文物出版社，1979 年，第 218 页。
[2] 南京博物院：《江苏文物考古工作三十年》，载文物编辑委员会编《文物考古工作三十年（1949—1979）》，文物出版社，1979 年，第 201 页。

最大收获，几乎就是良渚文化研究的新突破了。反山、瑶山的发掘，"将良渚文化的发现推向新的高潮"，"玉器的大量发现，丰富了良渚文化的研究内容，而且成为在更深层次上探索良渚文化的突破口。经鉴定良渚文化玉器的材料绝大多数是具有显微纤维结构的透闪石——阳起石，属于我国传统的真玉。这一鉴定的确立，为研究我国传统用玉奠定了矿物学基础，表明良渚文化是中华民族用玉的重要发源地之一"，"对反山和瑶山的发掘，丰富和充实了对良渚文化遗址群的认识。经过近几年的努力，我们又发现了一处人工堆积工程，规模比反山、瑶山雄伟得多，其性质类似某种政治或宗教、文化中心。经过初步调查，这处'中心遗址'位置在余杭县的长命、安溪两乡的附近地区。以往出土良渚文化玉器的著名地点，大体上都环绕着这处推测的'中心遗址'。它的地位显然比反山、瑶山要高"，"以群状分布的良渚文化遗存，在聚落形态及规模上出现多层次的级差，应是现实社会中多等级的社会反映。如果把大量的玉器制作及大规模的土建工程看作是极其大量的劳动消耗过程的话，那么它们应是良渚社会生产力高涨的一种标志。两方面的材料共同说明了良渚时代的社会形态正在起着深刻的变化，大量的玉器以及玉的神秘化正是这种特定的社会变化的产物。《越绝书》中曾论及石兵与铜兵之间有一个'玉兵'时代。近10年对良渚文化的探索，联系国内同一阶段的考古发现与研究，表明以玉的神化为特征的玉器时代，正是中华文明曙光的出现时期"①。这些精准的归纳和认识，为进一步开展良渚文化田野考古发掘和研究指明了方向。

20 世纪 80 年代初，江苏武进寺墩墓地的发现引起了对良渚文化社会性质问题的反思和探讨，南京博物院车广锦等提出当时已经出现了国家——"良渚方国"，玉琮上的立体纹饰就是良渚方国的徽号②，在良渚文化社会性质的探索上迈出了一大步。

反山、瑶山的新发现，大大促进了良渚文化社会性质的研究。中国社会科学院考古研究所任式楠对反山、瑶山的重大发现给予了高度评价，"纵观反山瑶山的考古发现，笔者管见：良渚镇一带的遗址群，在良渚文化中是一处较广阔地区范围内的大型中心聚落。反山、瑶山墓主很可能是较高层的首长、巫觋一类特殊人物，或者还包括其至亲。玉器制作的专业化程度很高，从一个重要侧面反映了当时的物质生产水平。玉器

① 浙江省文物考古研究所：《浙江省新近十年的考古工作》（执笔：牟永抗），载文物编辑委员会编《文物考古工作十年（1979—1989）》，文物出版社，1990 年，第 118-119 页。

② 南京博物院：《近十年江苏考古的新成果》，载文物编辑委员会编《文物考古工作十年（1979—1989）》，文物出版社，1990 年，第 104 页。论述参见车广锦：《良渚文化玉琮纹饰探析》，《东南文化》1987 年第 3 期；车广锦：《论古国时代》，《东南文化》1988 年第 5 期。

中的一些品种成为通行的法器，贵重精品为极少数的阶层所垄断。专设祭坛，以行隆重祭祀天地之礼。在良渚文化的广大地区内，有一个形象规范划一、共同信奉崇拜的神像，似具有独尊的地位；神人合一，是否可以理解在人间现实世界也已出现类似的局面了呢？良渚文化时期原始社会解体，在后期阶段很可能已经建立起早期奴隶制的方国。太湖周围是我国文明起源的重点地区"[1]。这些认识，在当时难能可贵。

虽然，这一时期关于良渚文化社会性质的讨论，大多还是套用是不是具备文明要素的标准，如中国社会科学院安志敏提出文明诞生是国家和阶级社会的出现，需要城市、文字、金属器和礼仪性建筑等要素作为具体标志，良渚自然还不具备文明时代的条件[2]。但是，反山、瑶山两地的重大新发现，聚落考古观念的"良渚遗址群"的提出，以及苏南、上海地区良渚文化考古的新发现，大大刺激了关于良渚文化社会性质的深入探索。

这里，有必要简单回顾一下 20 世纪末中国文明起源研究的背景。

----

[1]　任式楠：《新石器时代考古》，载中国考古学会编《中国考古学年鉴（1989）》，文物出版社，1990 年，第 32 页。

[2]　安志敏：《关于良渚文化的若干问题——为纪念良渚文化发现五十周年而作》，《考古》1988 年第 3 期，第 244 页。

1986—2000 年，是中国文明起源研究的全面开展时期^①。1989 年 9 月 9 日，《考古》编辑部在北京召开关于中国文明起源学术座谈会，主持人是中国社会科学院考古研究所所长徐苹芳，参加座谈的均是中国社会科学院考古研究所"与中国文明起源这个问题有密切关系的，掌握着第一手的材料"的田野一线考古学家，二里头队队长郑光从二里头、山西队队长高炜从陶寺、河北队队长徐光冀从夏家店下层、甘青队队长谢端琚从齐家、山东队队长高广仁从大汶口和龙山文化出发，各自发表了对于"文明"的看法，但只有前文提到的湖北队队长任式楠谈了中国史前玉器问题，他指出，除了玉钺具有军事权杖的性质，玉琮可能是宗教祭典中的重器，"那些具有权力、地位、身份、等级一类象征意义的礼玉，在统治阶层中，有可能还通过授受方式或确认的程序，借以确立上下隶属关系和基本职责。良渚文化中期以后的首领，大体是集行政领导、军事指挥和主持宗教活动之权于一身的人物"，"我们在探讨这个地区文明起源和文明社会的诞生时，对玉器的历史地位应予以一定的注意"^②。

① 中国社会科学院考古研究所、中国社会科学院古代文明研究中心：《中国文明起源研究要览》，文物出版社，2003 年，第 5 页。
② 白云翔、顾智界：《中国文明起源座谈纪要》，《考古》1989 年第 12 期，第 1116-1117 页。

　　1991 年 11 月 27—30 日，《考古》编辑部又在北京召开中国文明起源研讨会，这次研讨会与 1989 年的座谈会有了很大不同，主持人徐苹芳介绍，1990 年中国社会科学院考古研究所文明起源课题组 5 位考古学家到浙江、上海、江苏、辽宁，对良渚文化和红山文化的重大发现进行学术考察，1991 年又邀请了上述地区的考古学家到社科院考古所陶寺、二里头、偃师商城、安阳殷墟做"回访"式学术考察。在这次研讨会上，已是社科院考古所第一研究室副主任的任式楠再次提出精辟的见解，"系列化的玉礼器可视为中国早期文明的指示物"，"神人形象的标准化，意味着广大区域内已被人们共同崇奉，是主神。统一的神是因有相应的王的存在并加以神圣化的结果"。来自浙江、上海、江苏和辽宁的田野一线考古学家有纪仲庆、宋建、黄宣佩、牟永抗、汪遵国、邹厚本、郭大顺、孙守道。浙江省文物考古研究所牟永抗指出："在中华大地上，最早出现代表高技能、多工序的复杂劳动的产品，并使其占有者具有权力象征的礼器，目前已知的是玉礼器，其中可能包含着漆器。"[1]

　　玉礼器的出现，成为探索中国文明起源的一把新钥匙。反山、瑶山的发现，以及随后良渚文化考古的深入和中国文明起源讨论的展开，把中华文明的起源和本质、中华玉文化形成和发展的研究推向深入。

----

[1]　白云翔、顾智界：《中国文明起源研讨会纪要（1991 年 11 月 27—30 日）》，《考古》1992 年第 6 期，第 536 页。

二 1996 年度至 1998 年度瑶山发掘

1987 年瑶山发掘结束后，考古队在原址砌筑石台进行保护，并做简单的展示，但石台周围多次发生盗掘，屡禁不止。

1987 年 8 月，在保护石台的西部出土了一批良渚文化遗物，余杭县文物管理委员会办公室工作人员到现场判断，应该出自墓葬，但未有照片和文字记录，出土文物后收录于《瑶山》报告第四章第二节"西区出土遗物"。

1996 年，为了加强对瑶山遗址的保护，根据国家文物局的指示，浙江省文物考古研究所对瑶山遗址进行第二次发掘，本次发掘期望在 1987 年瑶山遗址的周围发现良渚文化遗迹，进而确定可能的遗迹与祭坛、墓地的关系。本次发掘从 1996 年 5 月 16 日开始，至 7 月 23 日结束。参加发掘的有浙江省文物考古研究所芮国耀、丁品、笔者、马竹山、陈欢乐以及余杭市良渚文化遗址管理所费国平，芮国耀领队并现场负责。

1996 年度的发掘，在保护石台的东侧延伸探沟两条，其中 T202 长 40 米，宽 2 米，两条探沟揭去表土层后暴露所见的平坦面，当时认为是风化程度很高的山体基岩，面上还散见一些砾石。2017 年为良渚古城申遗展示大面积揭开后，判断改为人工整理营建的堆积。保护石台的西部和北部，发现北 2 石坎、西 2 石坎、西 3 石坎。保护石台的南部，出露南 1 石坎。考古队一致认为，有必要对瑶山遗址做更加全面的揭露，以求进一步认识瑶山祭坛遗迹的总体面貌及营建过程。

1996 年下半年，瑶山遗址未继续发掘。其间，1996 年 8—9 月，芮国耀、笔者参加中日合作桐乡普安桥遗址发掘；1996 年 12 月—1997 年 1 月，笔者参加良渚塘山（金村段）试掘；1997 年 3 月，中日合作桐乡普安桥遗址考古队在吴家埠工作整理发掘资料[①]。

1997 年度瑶山遗址发掘分为上半、下半年度。

1997 年上半年度发掘，自 4 月 23 日至 7 月 23 日，浙江省文物考古研究所芮国耀、丁品、笔者、胡继根、马竹山、陈欢乐、方忠华、葛建良，余杭市良渚文化遗址管理所费国平，良渚文化博物馆施时英参加发掘，芮国耀领队并现场负责。考古队完整揭露了南 1 石坎，发现南 2 石坎。为进一步确认瑶山遗址的堆积过程，考古队选取从保护石台西部向 1987 年发掘区伸入的东西向大探沟（T206、T204、T305）进行发掘，还在 M5 和 M11 之间发现了 1987 年发掘遗漏的 M14，基本搞清了瑶山遗址的堆积过程。T206、T204、T305 东西向大探沟的第 8 层，即 1987 年构成

---

① 北京大学考古学系、浙江省文物考古研究所、日本上智大学联合考古队：《浙江桐乡普安桥遗址发掘简报》，《文物》1998 年第 4 期。

祭坛中心最里面一重红土台的堆积，在 1997 年度被判断为人工营建的堆筑土，在 2017 年大面积揭开后被修订为风化程度很高的山体基岩，是生土。

T206、T204、T305 东西向大探沟的发掘，由笔者具体负责。M14 是因为探沟发掘时有陶器出露才发现的，陶器保存极差，完全不能剥剔形状。探沟扩方后，我们进行仔细刮面，难以确认墓坑线，仅勉强辨认，可见 1987 年发掘时在开口面遗漏了这座北列墓葬，实属难免。反山、瑶山考古发掘时，浙江省文物考古研究所的前辈在开口面上就确认良渚文化墓葬。在江南潮湿地区野外考古中第一时间判断"熟土"中的墓葬遗迹，需要通过长期的田野积累和多次刮面辨认，遗漏 M14 可以被理解 ①。

确认瑶山遗址的整体范围和总体布局成为 1997 年下半年度发掘的目的。1997 年 10 月 14 日至 1998 年 1 月 10 日，浙江省文物考古研究所芮国耀、丁品、赵晔、胡继根、马竹山、方忠华、葛建良、陈欢乐，余杭市良渚

---

① 2002 年底，《反山》报告整理时，笔者判断反山墓地可能存在两大阶段，为了验证，笔者和方忠华对反山进行调查试掘。又鉴于瑶山 M14 遗漏的教训，在反山遗址留存的关键柱东北角有目的地打了一个探眼，从约深 60 厘米处带上夹砂红陶片，这一区域恰好是反山北行墓葬 M20 和疑似 M24 之间的空缺位置，很有可能还有一座墓葬存在。2017 年前后，为了良渚古城申遗反山遗址点的展示，在清除关键柱时，据称有墓坑线较为完整出露，只是由于种种原因，未能发掘。

图 1-7　瑶山 1997 年度发掘场景

文化遗址管理所费国平，良渚文化博物馆施时英参加发掘，芮国耀领队，丁品现场负责。笔者因为家事未参加。考古队发现西 5 石坎、西 6 石坎，瑶山遗址的西界被明确（图 1-7）。

　　1998 年 4 月 2 日至 7 月 15 日，为进一步确认瑶山遗址的平面遗迹布局，考古队再次进行发掘清理。浙江省文物考古研究所芮国耀、丁品、笔者、胡继根、楼航、马竹山、方忠华、葛建良、陈欢乐参加，芮国耀领队，丁品现场负责，笔者主要负责瑶山南部馒头山的试掘。1998 年度发掘基本弄清了瑶山遗址的平面布局及主体部位的堆积营建过程（图 1-8）。

图 1-8　瑶山 1998 年度发掘场景

至此，瑶山整个发掘工作结束（图1-9）。

1999年5—7月，芮国耀、笔者在吴家埠工作站整理瑶山出土器物资料。笔者负责器物线图的绘制，以墓葬为单位测绘所有出土器物。笔者记录下了当时的工作进度：5月5—18日测绘M7、M10，5月18、19日测绘M14，5月20日测绘M6，5月23日测绘M4，5月24—26日测绘M3，6月1日测绘M1，6月1—8日测绘M10，6月8—10日测绘M2，6月14—22日测绘M9、M11。绘制瑶山出土器物至1999年9月桐乡普安桥遗址整理结束。1999年10月至2000年1月，芮国耀、马竹山与笔者参加良渚庙前遗址第五次发掘，其间笔者完成所有出土玉器的上墨工作。

2003年，芮国耀执笔、笔者负责器物线绘和编排的良渚遗址群考古报告之一《瑶山》（图1-10），由文物出版社出版。《中国文物报》2004年3月31日刊登中国社会科学院考古研究所李新伟的书评《返璞归真——良渚遗址群考古报告之一〈瑶山〉读后》，肯定报告"写真式的全面细致报道"，还指出，"玉器种类在各墓葬中的分布可以提供有关玉料资源控制和分配的重要信息"。2004年故宫博物院张忠培、杨晶在《文物》2004年第6期刊发《〈瑶山〉——研究良渚文化必读的著作》，认为这"既是一本编辑用心、印制精良的报告，又是一本为深入研究良渚文

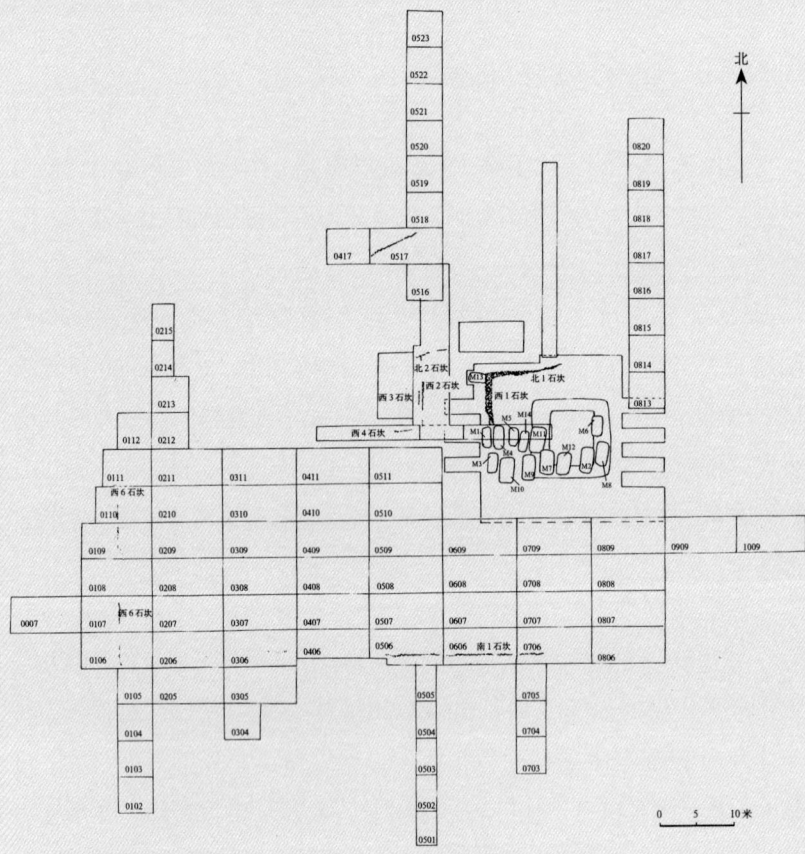

图 1-9　瑶山遗址 1987—1998 年发掘布方图

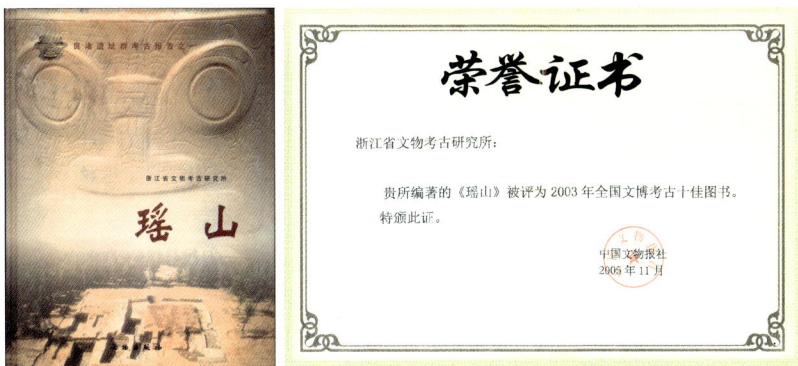

图 1-10 《瑶山》报告（上）

图 1-11 《瑶山》获奖证书（下）

化而夯实了坚固基础的考古报告"，同时，也提出"该墓地是否同时又是祭坛"等一些老问题。

    2004 年,《瑶山》荣获浙江省第十二届哲学社会科学优秀成果奖（2002—2003 年度）专著类一等奖。2005 年,《瑶山》被评为 2003 年全国文博考古十佳图书（图 1-11）。

第二章

瑶山遗址的年代、范围和营建过程

整体遗迹在堆筑过程中，用砾石叠砌了多条斜坡状石坎。除西1石坎与北1石坎构筑成规整的中心区域外，其余石坎多依地势而砌，从而形成漫坡状的台面。尤其是南1石坎，其构筑形成了中心区域以南较为平缓、宽阔的台面。根据对叠压在南1石坎外侧黄色斑土堆积的局部解剖，可以确认，该层堆筑时并未全部覆盖石坎。南1石坎中段有一处被后期破坏的缺口，石坎所用砾石散布在就近的黄色斑土层面上，其体量大致与被破坏形成的缺口吻合，由此可知，黄色覆土层面基本保持原貌。进而推测，整个遗迹表面除中心区域之外，基本上保持了漫坡状的原貌。

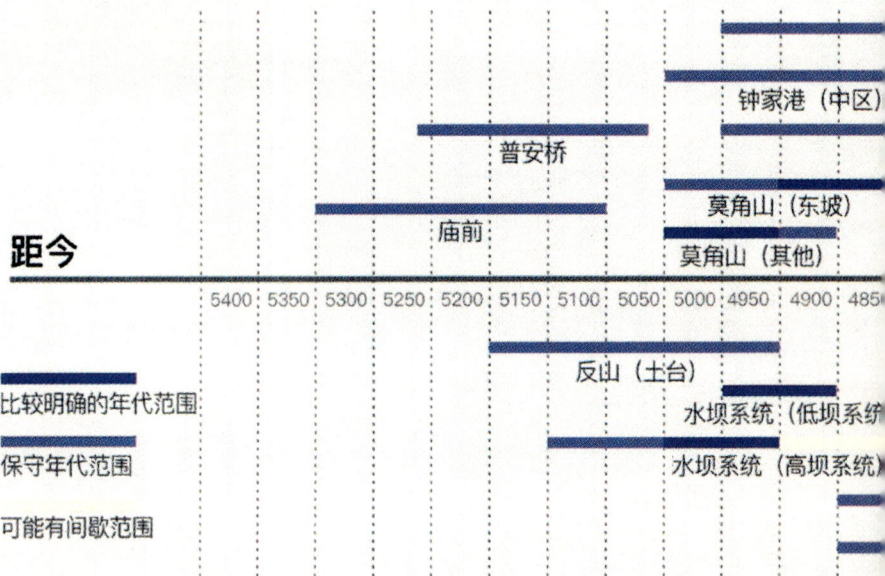

钟家港（中区）

普安桥

莫角山（东坡）

庙前

莫角山（其他）

距今

| 5400 | 5350 | 5300 | 5250 | 5200 | 5150 | 5100 | 5050 | 5000 | 4950 | 4900 | 485 |

反山（土台）

水坝系统（低坝系统）

水坝系统（高坝系统）

比较明确的年代范围

保守年代范围

可能有间歇范围

《良渚古城综合研究报告》

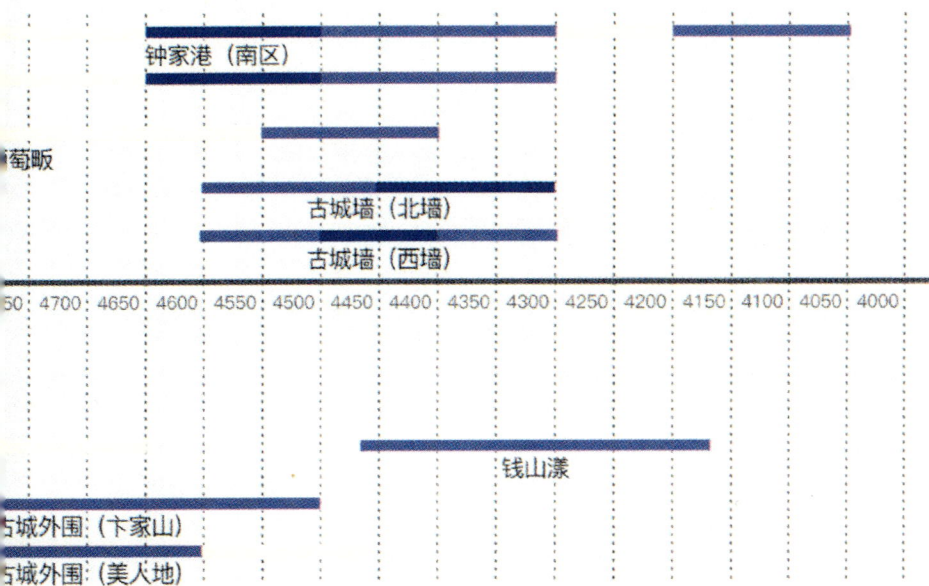

……根据已有的考古学现象，尚无法判断瑶山遗迹除墓地之外是否有其他用途。当然，联系到较为平整的中心区域及其以南宽阔的漫坡台面，不能排除该遗址建成后或埋墓前后存在祭祀活动的可能性，只是我们目前无法从考古发掘中得到确认。

　　——浙江省文物考古研究所:《瑶山》，文物出版社，2003 年，第 207 页。

　　良渚遗址的使用年代，大约从公元前 3350 年前后到公元前 2300 年。配合良渚古城新的早晚两期四段的分期方案，我们可以根据年代数据的分布将良渚遗址的形成和发展分为五个阶段：

　　第一阶段（早期早段）:在较大范围内有良渚先民活动（以大雄山为中心，包括南侧官井头遗址、西侧吴家埠遗址、良渚庙前遗址等），已经出现高等级贵族墓地，以莫角山为中心的古城布局尚未明确形成。这一阶段的年代范围大约为公元前 3300 年—公元前 3100 年。目前除庙前遗址的测年数据以外，良渚遗址内没有进一步的年代学证据。

　　第二阶段（早期晚段）:高等级贵族墓地进一步发展，遗址群西北部水坝系统开始营建，莫角山土台开始被逐步利用。这一阶段的年代范围大约为公元前 3100 年—公元前 2850 年。

　　这其中，公元前 3000 年—公元前 2850 年这一年代范围，是良渚遗址形成发展的高峰期，也是最关键的时段。已有测年数据显示，反山土台的堆筑、莫角山土台的使用、莫角山周围河道的规划使用（钟家港）以及水坝系统的建筑使用，全部都集中在这短短的百余年间；可以明确，目前考古发掘所见良渚遗址的布局，基本上是在公元前3000年—公元前2850年统一规划建筑形成的。

第三阶段（晚期早段）：莫角山土台周围开始形成高地居址点（以卞家山、美人地为例），以钟家港为代表的古水道及水坝系统均被继续使用；根据采集和零星出土遗物，贵族墓地仍在继续营建使用，只是具体分布尚不清楚。此外，以葡萄畈段西南城墙为代表的堆积年代及西城墙下垫石层位的测年数据，部分可早至此一阶段，说明良渚古城城墙至少在此阶段已经营建使用。晚期早段年代大约为公元前2850年—公元前2600年。

第四阶段（晚期晚段）：良渚古城墙及周边高地（如美人地）等被作为居址点继续使用，因此古城墙外围生活废弃堆积大多为这一阶段形成；美人地顶部也有这一阶段的水井等遗迹。晚期晚段的年代大约为公元前2600年—公元前2300年。值得注意的是，钟家港河道特别是南区的测年数据显示，这一阶段围绕莫角山的河道仍然被利用；虽然目前还未发现莫角山土台上相当于这一阶段的堆积，但应该说以莫角山土台为中心、以古城墙为界的基本布局仍然被沿用。水坝系统目前所见下限不晚于公元前2600年，因此，水坝到晚期晚段可能已经废弃。

第五阶段（钱山漾时期）：钟家港河道、古城墙葡萄畈段等均发现有相当于钱山漾阶段的文化遗物。目前的测年结果也有晚于公元前2300年的数据。就目前的测年数据看，钱山漾类型堆积与良渚遗址的最晚使用阶段之间并没有间歇期，尤其是在钟家港河道堆积中，从测年数据上无法分出良渚阶段和钱山漾阶段。对照钱山漾遗址本身的测年结果，良渚文化和钱山漾文化是年代上有重合、曾经并存过的两种文化因素当无异议。

同时，从遗址上普遍分布的洪水层看，洪水淹没致使良渚遗址彻底废弃的年代应该在钱山漾时期（公元前 2300 年—公元前 2000 年）之后。环境变化同良渚文化的兴衰并没有直接的因果关系。

——浙江省文物考古研究所 :《良渚古城综合研究报告》，文物出版社，2019 年，第 362-363 页。

图 2-1　从瑶山西望反山，1987 年瑶山考古队拍摄

从瑶山遗址向西南望 5 公里之外的良渚古城，并不远（图 2-1）。

瑶山是天目山余脉凤凰山向东延伸的低矮山丘，东部最高区的海拔高度为 38.02 米，去除山表堆积，实际海拔约为 36.00 米。瑶山遗址以南有一海拔约为 37.30 米的馒头山，试掘未见良渚文化层堆积，但在表土层中采集到一些良渚文化遗物，馒头山西南多见汉代韩瓶等遗物，应该是原先"窑山"之名的由来。瑶山遗址以北，有遗存发现，具体情况尚待进一步考古调查和勘探。

瑶山位于苕溪北岸，苕溪以北、天目山余脉大遮山以南的坡地，良渚文化遗址分布密集。

一　瑶山遗址主体年代

瑶山遗址主体年代，主要是指以 M12 为核心的南北两列共 13 座墓葬的年代。

随葬陶器中豆的特征是判断相对年代的主要依据。豆也是瑶山、反山两地修复数量最多的陶器（图 2-2 ）。除瑶山 M6 : 17 豆的盘外壁有垂棱[①]外，其余豆均为敞口的豆盘、粗矮的喇叭形大圈足。这类豆的器高多小于盘径，源自崧泽文化晚期假腹圈足盘，是良渚文化中晚期弦纹高柄豆（竹节状豆柄）的源头之一，这类豆也可以称为"圈足盘"。依豆盘外壁及圈足是否有弦纹，把瑶山、反山出土的豆分为具有前后演变的三式：

Ⅰ式：豆盘外壁微有弧凸棱，圈足呈"＞＜"形安贴于豆盘，上部与豆盘安贴后外腹壁仍保留一定的厚度，其外壁还刻剔崧泽文化中晚期

---

① 　在良渚文化早期阶段，豆盘折腹外壁之垂棱特征多见于嘉兴地区。

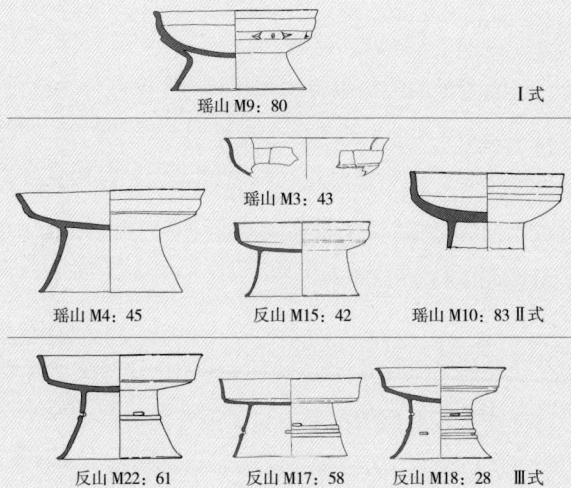

图 2-2　瑶山、反山两地出土的陶豆

最流行的圆和弧边三角组合纹样。如瑶山 M9 : 80 豆。

　　Ⅱ式：豆盘外壁为弧凸棱，圈足与豆盘的安贴呈"/ \"形。以瑶山 M4 : 45、反山 M15 : 42 豆最为典型。瑶山 M3 : 43 豆残碎甚，瑶山 M10:83 豆圈足残损，外径略小，但豆盘部位的特征与上述一致，均属此式。

以上两式豆的圈足部位均未有弦纹和长方形镂孔组合纹样。

Ⅲ式：豆盘折腹，未有弧凸棱，折腹部位为凹弦纹，除反山 M22：61 豆圈足部位仅一道凸弦纹外，其余均有多道弦纹和长方形小镂孔组合。反山 M17：58、M18：28 豆均属此式。

良渚庙前遗址良渚文化早期、湖州昆山遗址崧泽文化晚期墓葬出土的豆盘为讨论上述 I 式豆盘的由来提供了很好的资料。I 式和Ⅲ式豆盘在《庙前》考古报告中属于庙前遗址墓葬 A 型豆的第一期晚段和第二期，彼此衔接脉络清晰。庙前遗址第一期早段出土的 A 型豆，也就是湖州昆山崧泽文化晚期墓葬中出土的假腹圈足盘。在昆山遗址中，假腹圈足盘的演变序列甚为明了，也就是说瑶山遗址核心墓葬区以 M9 为代表的相对年代，属于良渚文化最早期，瑶山 M9 出土陶豆与崧泽文化晚期同类陶豆在陶器演变序列上衔接非常紧密（图 2-3）[①]。

值得注意的是，崧泽文化晚期至良渚文化早期阶段，太湖流域的这类假腹圈足盘主要分布在太湖的西部。太湖东部，甚至在太湖东南部都极为少见。这类假腹圈足盘是瑶山、反山两地相关豆盘的前身，说明在

① 浙江省文物考古研究所、湖州市博物馆：《昆山》，文物出版社，2006 年，第 444 页。

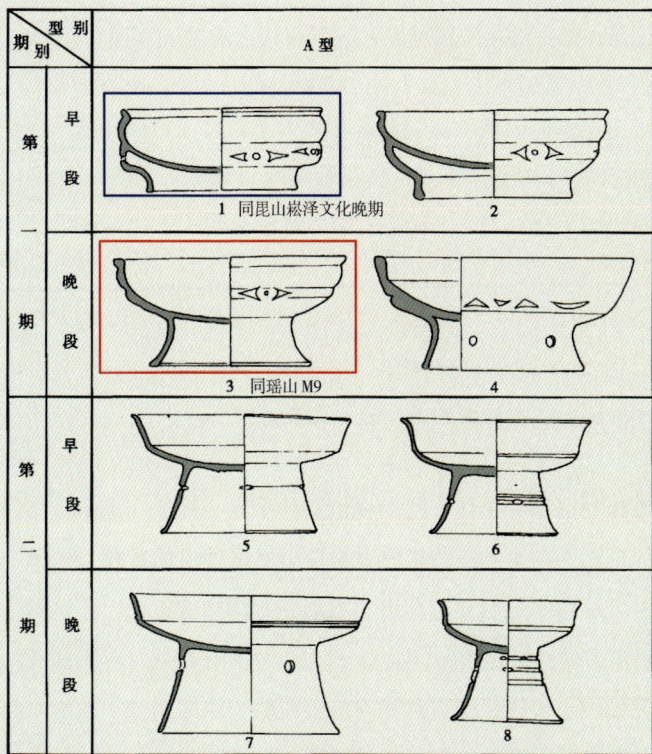

图 2-3　良渚庙前遗址 A 型豆的分期（采自浙江省文物考古研究所：《庙前》，文物出版社，2005 年，图二五六。）

良渚文化早期良渚古城核心区的形成过程中，太湖西部，包括凌家滩—北阴阳营文化所在的巢湖至宁镇地区，起到了极为重要的作用。

其次是出土玉器的时代特征。日本金泽大学教授中村慎一最早系统关注良渚文化玉器的年代分期，尤其是琮的年代研究，1989 年就把瑶山 M9 出土的圆琮（M9∶4）排在第 I 期（图 2-4）[①]。

当然，瑶山 M9 出土的其他玉器，尤其是各种形制的小琮（琮式管）、琮式锥形器，以及小琮上的简约神人纹、圆琮和柱形器上的神兽纹等，说明良渚文化伊始，琮和神像的设计就一步到位了。

瑶山遗址核心区墓葬主体年代为良渚文化早期，几乎完全衔接崧泽文化晚期，以瑶山 M9 为代表的年代早于反山最早埋设的墓葬，也早于已知的良渚古城莫角山土台开始利用、水坝开始营建的年代，应该属于目前已知的良渚古城遗址使用年代的第一阶段(早期早段)。在这一阶段，除了以大雄山为中心包括南侧官井头遗址、西侧吴家埠遗址、东侧良渚庙前遗址外，就是瑶山遗址超高等级的墓葬——被盗的瑶山 M12，从收缴的成组玉礼器来看，其完全可以与反山王陵核心墓葬 M12 媲美。瑶山

---

① 中村慎一：《中国新石器时代的玉琮》，《东京大学文学部考古学研究室研究纪要》第 8 号，1989 年 12 月。

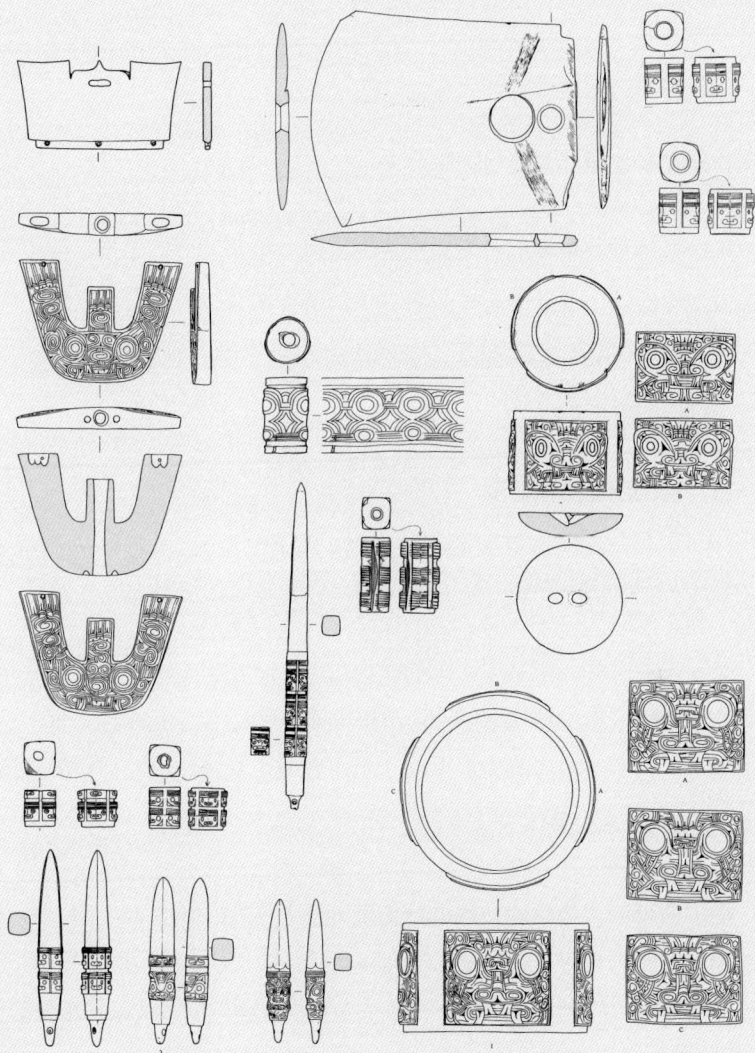

图 2-4　瑶山 M9 出土的相关玉器

祭坛和墓葬复合遗址，也可以称王陵。

瑶山遗址核心墓葬的主人是良渚古城遗址最早的一批领袖、精英和开拓者。对应瑶山遗址的高等级聚落目前还不清楚，但极有可能就在周边的苕溪北岸地区。这批墓主，虽然不一定是良渚古城的直接设计者，但是他们一定是良渚古城的先行者。

二 瑶山遗址主体范围

瑶山遗址祭坛遗迹主体和南北两行墓葬所在，是瑶山遗址的核心区域。

祭坛遗迹，即 1987 年确认的由里到外红土台、回字形灰土方框、黄褐色斑土三重土色组成的方形土台。2017 年考古队认为祭坛遗迹的范围还要向东逾 20 米，整体呈长方形。

瑶山遗址的主体范围，也就是遗址的基本四至范围，北、西、南以目前揭示的石坎为界，东以 2017 年揭露的为界。其中，西界大体至西 6 石坎，南界大体至南 1 石坎，北界大体至 T0517 未叠砌的条状砾石堆积处，东界从 2017 年为申遗展示揭露的情况看，要超出 1987 年往东延伸的探沟范围，约距离回字形方框遗迹西边约 20 米。从西 6 石坎至回字形灰土方框遗迹约为 70 米，从南 1 石坎至 T0517 条状砾石堆积处约为 60 米。

瑶山遗址核心区域回字形方框遗迹，平面略呈长方形，基本为正南北方向。宽 1.70 ～ 2.10 米、深 0.65 ～ 0.85 米的回字形沟围成的中心红土台，东边长 7.60 米，北边长 5.90 米，西边长 7.70 米，南边残长约 6.20 米。红土台面积约 45 平方米，回字形沟围成的总范围约为 10 米 × 11 米。

西 1 石坎顶端海拔高度为 34.30 米，略低于红土台的台面。

南 1 石坎顶端海拔高度为 31.44 米，与祭坛台面绝对高差接近 3 米。

西 4 石坎虽然是略呈东西向，但未受晚期扰动，且与西 3 石坎位置近邻。西 4 石坎顶端海拔高度为 32.10 米，低于祭坛台面高度 2.00 米余。

西 5 石坎海拔高度在 29.00 ～ 29.50 米。

T0517 条状砾石堆积海拔高度在 27.50 ～ 28.00 米。

瑶山遗址主体范围内的西北区域，后为低洼的茶树地，从两侧的山体等高线的弧度看，被认为是挖取的（图 2-5）。

综上，瑶山遗址主体范围只有北界落差较大，从北 1 石坎至 T0517

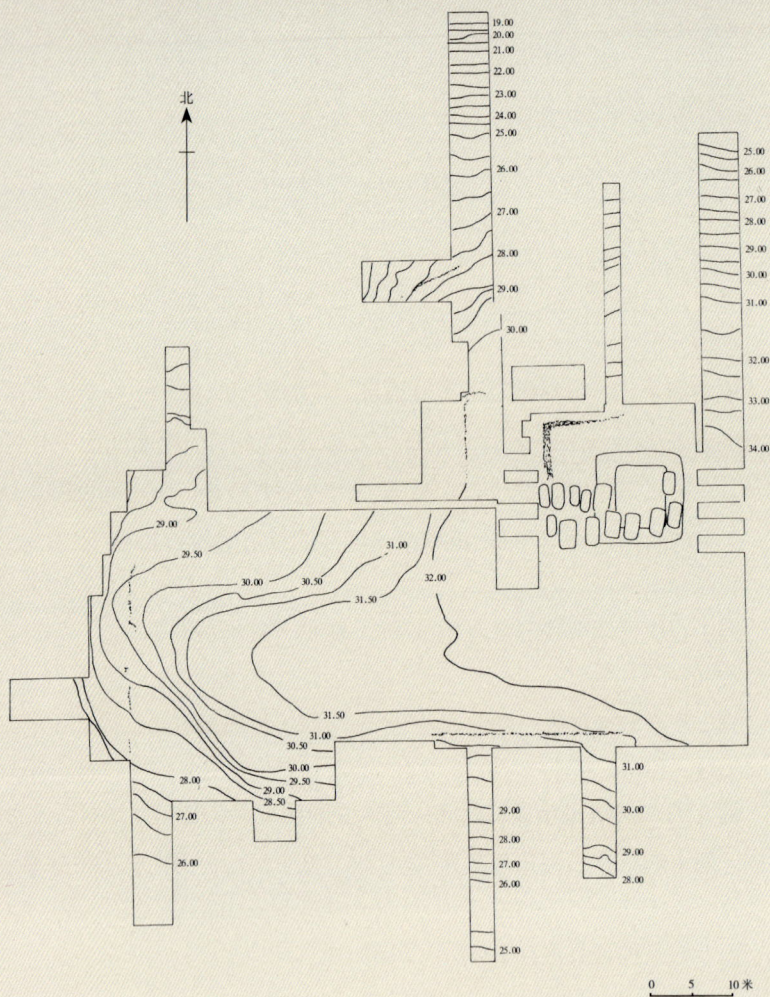

图 2-5　瑶山遗址等高线实测图

条状砾石堆积，20 米不到的间距，高差达 7 米。其他从红土台到西界，高差虽达 5 米，但有近 50 米的距离。从红土台到南界 20 余米，高差约 3 米。

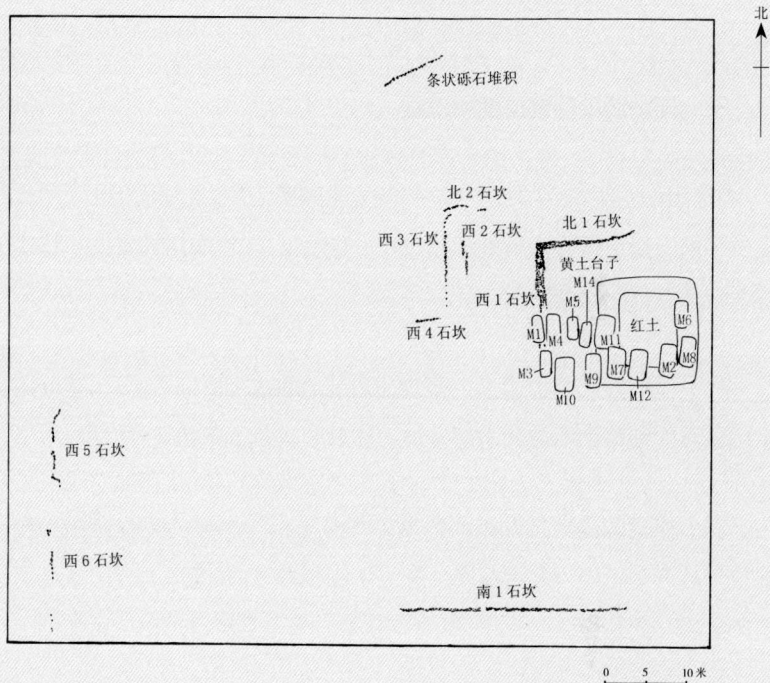

图 2-6　瑶山遗址平面图

西部和南部均呈缓坡状。东部因为平整面积较大，或许原先还有另外的遗迹，或许同后来的反山王陵遗址，具体就不得而知了（图2-6）。

三 瑶山遗址的营建使用过程

《瑶山》报告 T206 北壁、T204 南探沟北壁、T305 北壁大剖面（图 2-7）提供了瑶山遗址核心区域的营建过程，结合 2017 年的清理发掘，营建过程大致分为以下六个阶段。

（1）平整修形瑶山山顶，整理出红土台和东部的平整面。挖取的多余山体可能铺垫到西坡和南部区域，也就是大剖面的第 8 层。

（2）整理瑶山遗址的核心区域，以红土台为主体的平台范围，叠砌曲尺形的西 1 石坎、北 1 石坎，形成了 1987 年发掘确认的瑶山祭坛遗迹核心范围，边长约 20 米，面积约 400 平方米（参见《瑶山》报告图四）。

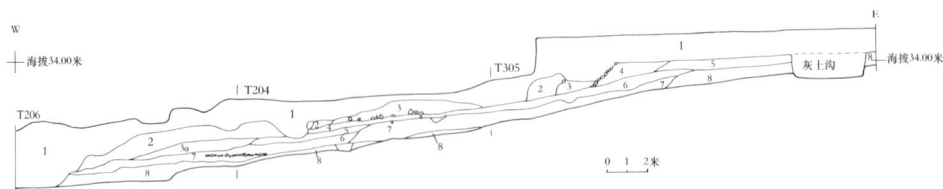

图 2-7　瑶山 T206 北壁、T204 南探沟北壁、T305 北壁大剖面

祭坛西灰土沟

中心土台

祭坛总范围

图 2-8　2017 年为配合良渚古城申遗和遗址公园建设，判断瑶山遗址祭坛主体范围[①]

　　2017 年为配合良渚古城申遗和遗址公园建设，浙江省文物考古研究所对这一祭坛遗迹的核心范围再次进行了清理发掘（图 2-8），尤其是对东部进行了全面积揭露，最后修订了两个认识：一是原先祭坛遗迹最里面一重的红土台，实际上是风化较甚的山体生土；二是东部的范围还要向东延伸约 20 米，这样整体祭坛遗迹的主体成为长方形。"祭坛主体是依托山顶沙性红土修筑的一处垒石包边的长方形覆斗状土台，正南北向，东西长约 40 米、南北宽约 19 米，土台西北角残存的石坎高度近 1 米（也就是西 1 石坎和北 1 石坎——笔者注）。在土台西半部中央，有一周东西约 9 米、南北约 11 米的灰土方框，推测其具有观象测年的作用。当祭坛

① 感谢浙江省文物考古研究所朱雪菲博士提供原图。

功能废弃后，此地便作为一处埋葬高等级贵族的墓地使用"[①]。当然，祭坛废弃再作为墓地、祭坛和墓地复合两种可能都存在，虽然回字形方框存在观象测年的可能，但是不是实际使用，或者说建设这一特别遗迹就是为了埋设高等级墓葬，在没有发现明确的使用、废弃证据前，两种可能都存在。

（3）以西 6 石坎、南 1 石坎、北 T0517 条状砾石堆积为范围，堆筑西、南为缓坡，北为陡坡的瑶山主体范围。紧邻南 1 石坎南部有残大口缸遗存，说明这一主体范围内，还可能有一定的祭祀类活动。西 6 石坎北部的 T0111，出土玉管 1 件和良渚文化残陶片，或说明也有类似活动，或可能为陪葬类小墓。

（4）如果是祭坛和墓葬复合，那么就开挖回字形沟，沟壁较直，平底。再在回字形沟内填灰色土，形成回字形方框。回字形沟内的填土质地疏松，也未见任何遗物。

（5）在祭坛遗迹偏西区域内埋设墓葬，在埋设墓葬前，也应该覆土掩盖了西 1 石坎、北 1 石坎。M7 打破 M11，可见墓葬埋设先有规划。

---

① 浙江省文物考古研究所：《良渚古城综合研究报告》，文物出版社，2019 年，第 236-237 页。

M1、M4、M3 打破西 1 石坎，说明埋设墓葬时，范围主要限于曲尺形石坎所在，即基本控制在祭坛遗迹内，从西 2 石坎、西 3 石坎上部另外铺设质地致密的黄褐色土参证，瑶山遗址石坎的功能更多的是加固和修形，没有依靠石坎修治为台阶状祭坛的证据。M7、M11 等墓打破回字形沟，沟内灰色填土虽然质地疏松，但在营建时，墓壁并没有坍塌，这也说明，回字形灰土沟开挖后的回填并非随意。

（6）瑶山核心墓区西部的墓葬，具体情况不得而知，考虑到其范围在 1996 年的 T303，也就是 1997 年度至 1998 年度统一布方的 T0511 范围，这一区域极有可能在核心墓区的稍后阶段再堆筑营建并埋设了一批墓葬（图 2-9）。

在瑶山遗址核心区墓葬西北曲尺形石坎部位，还发现一座东周时期的长方形竖穴土坑墓（编号 M13），墓坑东壁直接利用西 1 石坎，随葬印纹陶器 5 件、原始瓷 3 件。M13 西端远远超出 M1 西侧，M13 西端残深仅 0.10 米，说明在埋设这一土坑墓时，这一区域的堆筑营建土不但覆盖了西 1 石坎，而且高度在 1 米以上，这也为埋设 M1、M4、M3 诸墓时，祭坛遗迹西部的覆土堆筑的规模提供了侧证。

埋设 M13 的东周人，不晓得知不知道自己惊动了早于他们 3000 年的良渚王国领袖（图 2-10）。

若溪

天目山余脉之大遮山

瑶山东北区域可能存在的聚落

平整修形山顶

北1石坎
西1石坎

北2石坎
西3石坎

南1石坎与祭坛高差3米

南1石坎

西5、西6石坎与祭坛高差5米

西5石坎、西6石坎

石坎护坡土可能加掺合

图 2-9 瑶山遗址营建示意一体图

054

图 2-10　瑶山遗址东周墓葬

第三章

瑶山遗址祭坛遗迹和埋墓

如果我们将这种阶台形方框与瑶山、汇观山祭坛上多重土色的方形框架及四周石坎联系起来考虑，以前曾将这类离开居住区建造于小山顶端，功能上超越衣食住行等物质生活需要之外的营造工程，暂时名之为祭坛时，确实不知道它们祭祀的对象是什么。那么将这种阶台形方框姑且认作这类祭坛的侧视图像，也许是合适的。方框内符号大体与太阳或月亮等天体具象有关也是可能的。这就为此类营建工程暂名祭坛的确立，增添了一条有用的旁证。

——牟永抗：《读玉偶悟——形态与内涵发展演变的一些思考》，载浙江省文物考古研究所编《浙江省文物考古研究所学刊（第六辑）：第二届中国古代玉器与传统文化学术讨论会专辑》，杭州出版社，2004 年，第 43 页。

一 祭坛遗迹核心及功能

1987 年瑶山发掘，根据简报叙述，揭去 20～30 厘米表土层后即暴露祭坛遗迹和墓口。

瑶山祭坛遗迹平面呈方形，由里中外三重组成。最里面的是一座红土台，平面略呈长方形，边壁的方向与磁针方向一致。东壁长 7.6 米、北壁长 5.9 米、西壁长约 7.7 米，南壁被 M7、M12、M2 打破，长约 6.2 米。第二重为灰色土，是在红土台四周挖凿的 65～80 厘米深的围沟，边壁与底边平直方正，"极易剥剔"，围沟内填灰色斑土，与红土台形成鲜明对比，围沟填土疏松，未见任何遗物，围沟宽 1.7～2.1 米不等。在第二重灰土围沟的西、北、南三面，分别为宽 5.7 米、3.1 米、4.0 米的黄褐色斑土筑成的土台，土台台面上散见较多的砾石，推测土台原铺垫砾石台面。灰土围沟以东即为自然山体，南部的台面仅残存高约 20 厘米的土坎。砾石台面西、北边缘各发现一道由砾石叠砌的斜坡状直角相连的曲尺形石坎，石坎侧面的土质护坡为褐色斑土，"较为坚硬"（图 3-1）。

祭坛遗迹外围边长约 20 米，面积约 400 平方米（图 3-2）。

1997 年瑶山发掘，为了确认瑶山祭坛的营建过程，发掘了直通保护石台的探沟，判定红土台的形成是先堆筑了第 8 层"略含沙性的红土"，这层红土"土质略显疏松"。此外，还对 1987 年判定的祭坛台面堆积进

图 3-1　1987 年瑶山发掘场景

图 3-2　1987 年瑶山考古队和瑶山祭坛清理完毕后

行观察，发现其分为第 5 层"略带沙性"的深黄色土以及第 4 层"略带沙性的黄土"（《瑶山》第 18—19 页），说明瑶山祭坛遗迹的形成过程是，斜坡状堆筑营建之后，再挖围沟，最后填灰色土。

1996—1998 年瑶山发掘，基本弄清了瑶山遗址的平面布局和主体部位的堆筑营建过程。

2017 年为申遗展示再次开展瑶山考古工作，通过对瑶山东部的大面积揭露，发现东部的范围更大，增加了约 20 米。另外，红土台堆积实际上还是生土的，并非人工营建，其间包含的小块砾石的堆积不是文化层。这样一来，1987 年判定的整个祭坛遗迹约 400 平方米的面积，也就远远小了。

本书第二章详细说明了瑶山遗址的本体范围。瑶山遗址本体的范围，其实应该包含四个层次（图 3-3）：

（1）主体范围。北界至 T0517 条状砾石堆积，南界至南 1 石坎，西界至西 6 石坎，东界至少往祭坛以东 20 米。

（2）祭坛遗迹范围。以西 1 石坎、北 1 石坎修形为主要范围，包括祭坛以东 20 米的区域，整体呈长方形，台面经过西北砌筑石坎后稳固，而且大体平坦。

（3）以 M12 为核心的墓地范围。这一范围向西越出了前述祭坛遗迹的西界，西界具体位置不明，考虑到 1987 年向西延伸探沟 T1 ～ T3 5 米后，没有再发现墓葬，推测西界应该不会太远。这一区域，在埋设 M1 等诸墓时，必定覆土掩盖了西 1 石坎，并在这一区域堆筑加高。

（4）回字形灰土围沟围成的祭坛遗迹核心。遗迹核心范围为回字形灰土围沟及中心的红土台。

1991 年，位于现良渚古城西北的汇观山遗址被发现，又一处以回字形灰色填土围沟为核心的祭坛遗迹得到清理，给了读识瑶山祭坛遗迹极大的启示（图 3-4）。

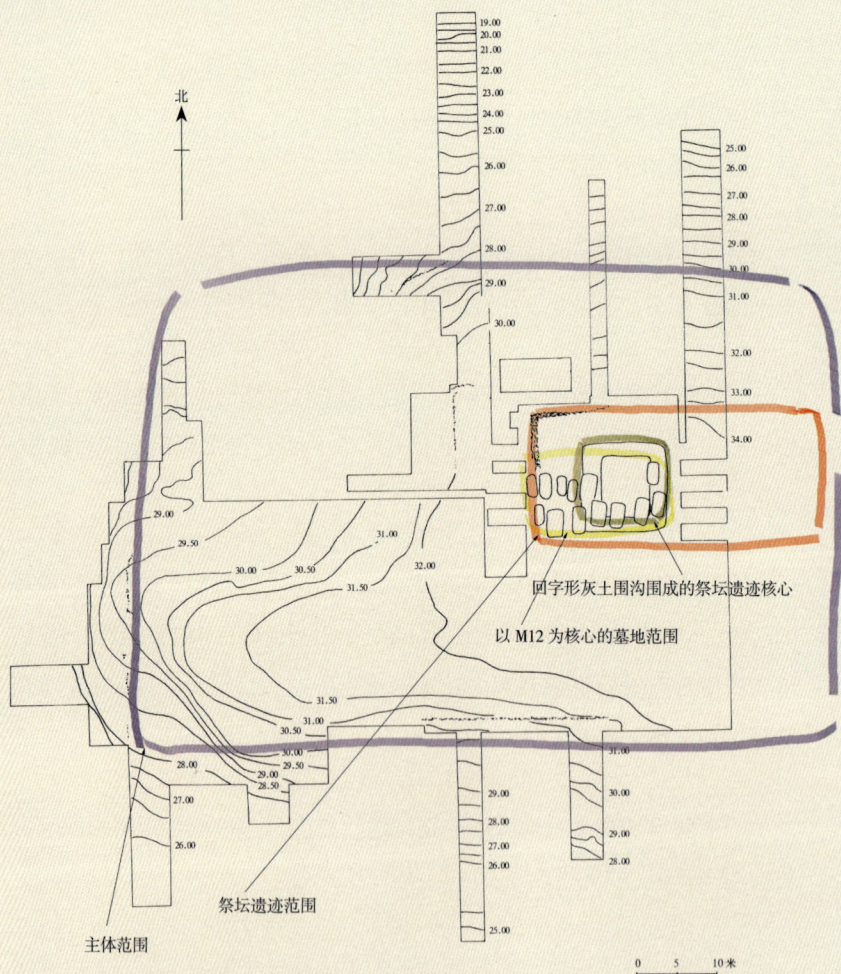

北

19.00
20.00
21.00
22.00
23.00
24.00
25.00
26.00
27.00
28.00
29.00
30.00

25.00
26.00
27.00
28.00
29.00
30.00
31.00
32.00
33.00
34.00

回字形灰土围沟围成的祭坛遗迹核心

以 M12 为核心的墓地范围

29.00
29.50
30.00
30.50
31.00
31.50
32.00
31.50
31.00
30.50
30.00
29.50
29.00
28.50
28.00
27.00
26.00

29.00
28.00
27.00
26.00
25.00

30.00
29.00
28.00

祭坛遗迹范围

主体范围

0   5   10米

图 3-3　瑶山遗址范围的四个层次

064

图 3-4　1991 年汇观山祭坛遗迹

　　汇观山祭坛平面基本为长方形，正南北向，南北宽约 33 米，东西长约 45 米，中部偏西位置为祭坛中心的灰土方框遗迹，围成范围东西长 7.0 ～ 7.7 米，南北长 9.5 ～ 9.8 米，其实也略呈长方形，但比瑶山要大一些。灰土框以挖沟填筑的方式，用青灰色黏土做成，在平面上也形成了回字形的里中外三重形式。回字形沟宽 2.2 ～ 2.5 米，口部较为齐整，边壁与沟底凹凸不平，四面沟底也深浅不一，深 10 ～ 60 厘米不等。在东沟和南沟之间，口部以下尚留有 3 ～ 5 厘米厚的岩石间隔未曾打通，发掘者认为，"显然是以平面的土色构成为目的，而对沟口以下的挖凿要求并不十分严格"。在汇观山回字形灰土围沟的东沟内，发掘者推测，

"有三个东西向的坑，其东西两端与坑底均超出了东沟的统一规格，显然在开凿时别有意图，但其填土与东沟土色不可区分，推测应是填沟时统一填成，究其功用，或与凿沟建坛时的祭祀有关"。汇观山简报结语中，发掘者认为，"在这些墓葬埋入时，祭坛的最初祭祀功能可能已经被放弃了，而作为一块圣地——成为显贵们的专用墓地。埋在祭坛上的这些大墓的墓主，很可能就是这个祭坛的最初的设计者和最终的使用者。我们认为，在一个祭坛作为祭祀场所被设计建造时，已经决定了它最终将作为墓地。所以当一个祭坛最终转变为墓地时，也应有一个新的祭坛在别的地点被建立起来。考察瑶山祭坛石砌外的敷土以及汇观山祭坛东西两侧的黄色填土，我们认为在祭坛的祭祀功能被放弃而转为专门的墓地时，可能存在着某种覆土加高的仪式"①。

关于回字形遗迹的功能，刘斌提出可能与观象测年有关，通过回字形灰色土框的四角所指，可以准确地观测一个回归年的周期（图3-5）②。

---

① 刘斌、蒋卫东、费国平：《浙江余杭汇观山良渚文化祭坛与墓地发掘简报》，《文物》1997年第7期，第6-7、19页。

② 刘斌：《良渚文化的祭坛与观象测年》，载浙江省文物考古研究所编《浙江省文物考古研究所学刊（第八辑）：纪念良渚遗址发现七十周年学术研讨会文集》，科学出版社，2006年。

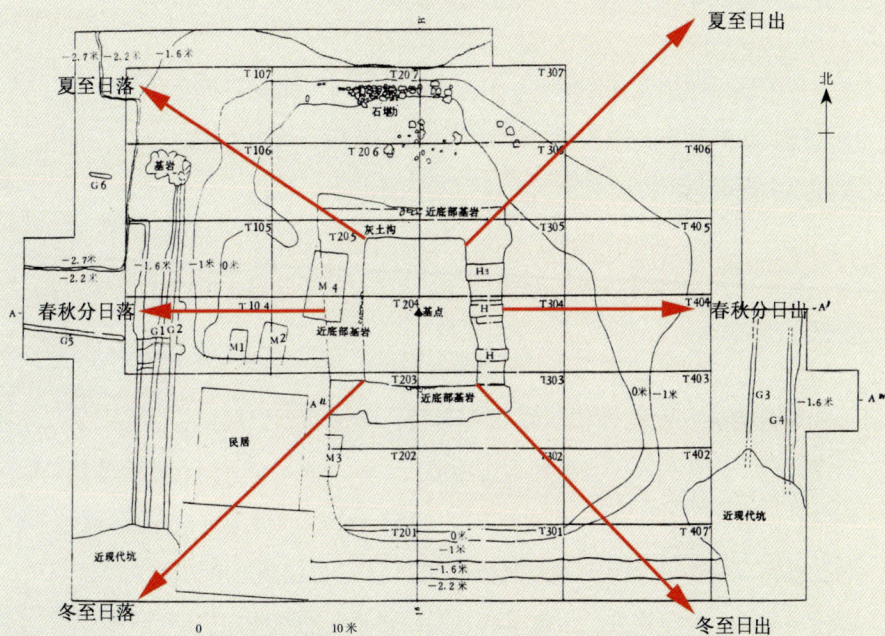

图 3-5　刘斌认为汇观山祭坛观象测年的方式（采自浙江省文物考古研究所编：《浙江省文物考古研究所学刊（第三辑）》，第 76 页）

二　墓葬年代、现状与祭坛遗迹的关系

瑶山祭坛遗迹尤其是回字形围沟的原貌如何？埋设 13 座墓葬的过程中，还有没有加高？南北两行墓葬之间除了等级、墓主性别之分，从埋墓顺序中是否可以探讨墓主生前彼此之间的社会关系？

要回答这些问题，首先需要明确以 M12 为核心的 13 座墓葬的相对年代。

瑶山遗址以 M12 为核心的 13 座墓葬，南北两列，规划有序，即生前定穴后，先死先埋（当然也不排除停尸，即"厝"），并以高等级墓葬为核心。其中，北列 M11 和南列 M12、M7、M10、M9 这 5 座墓葬等级明显较高。虽然，生前定穴死后埋墓的循序，对于已经规划好的墓地而言，谁先埋并不是十分重要，但是墓葬之间相对年代的判断，讨论是不是成组，以及埋墓顺序的分析，是不是可以佐证墓主之间的关系，这些问题的讨论就很有必要。

笔者曾讨论过瑶山核心墓区的埋墓顺序，《瑶山》《反山》报告出版

后,北京大学考古文博学院的秦岭教授进行过修订和补充[1]。下面就随葬品、墓穴现状等情况再进行讨论。

随葬陶器依旧是判定墓葬相对年代的主要依据。本书第二章第一节"瑶山遗址主体年代",对出土的陶豆进行了相对年代的判读。瑶山遗址修复的随葬陶器中,以 M9：80、M4：45、M3：43 豆最为典型,M9：80 豆(图 3-6)在瑶山遗址中相对年代最早。

瑶山 M4：45 豆略晚于 M9：80 豆,反山 M15：42 豆与瑶山 M4：38 豆(图 3-7)形制接近,也就是说在埋设瑶山 M4 时,反山王陵土台可能已经做好,反山 M15 也开始埋设了。

瑶山 M7 豆未修复,但野外清理剥剔时豆外壁的凹凸弦纹清晰可见,豆圈足还有一周凸棱(图 3-8)。豆盘外壁有凹凸弦纹的豆的圈足,一般没有凸棱,瑶山 M7 豆是以瑶山 M9：80 为代表的豆的发展形式,也是反山 M17：58、M22：62 豆的前身。

① 方向明：《反山、瑶山墓地：年代学研究》,《东南文化》1999 年第 6 期;秦岭：《良渚文化玉器纹饰的比较研究——从刻纹玉器看良渚社会的关系网络》,载浙江省文物考古研究所编《浙江省文物考古研究所学刊(第八辑)：纪念良渚遗址发现七十周年学术研讨会文集》,科学出版社,2006 年,第 48 页。

图 3-6　瑶山 M9：80 豆（左）
图 3-7　瑶山 M4：38 豆（右）

　　这样，从豆的形制发展判断，瑶山核心区墓地中 4 座墓存在先后的埋葬顺序，即：瑶山 M9→瑶山 M4、M3（反山 M15 与此接近）→瑶山 M7（反山 M22 与此衔接）。

　　冠状器是良渚文化玉器中年代特征较为明确的玉器，顶部雕琢半圆形是冠状器的最早形式，瑶山 M1：3、M5：3、M14：10 冠状器顶部均为半圆形。瑶山 M9：6 冠状器为介字形冠顶，除了瑶山 M2：1 冠状器介字形冠顶尖凸，两侧下角内凹弧，其余介字形冠顶的冠状器形制基本一致。瑶山 M2：1 冠状器形制特殊，却可以与反山 M16：4 冠状器衔接（图 3-9）。

图 3-8　瑶山 M7 豆出土现场

　　至于冠状器顶部雕琢半圆形，海宁瑞寺桥 M16：10 玉饰（图 3-10）可能是这一形制图意的注脚，半圆形原本要体现的是"圆"，其两侧是可以视作弧边三角组合纹样的孑遗，也可以视作抽象的长有尖喙的鸟形①。

①　方向明：《神人兽面的真像》，杭州出版社，2013 年，第 138 页；浙江省文物考古研究所、海宁市博物馆：《海宁瑞寺桥遗址考古发掘简报》，载浙江省文物考古研究所编著《浙北崧泽文化考古报告集（1996—2014）》，文物出版社，2014 年，第 272 页。

图 3-9　瑶山各墓出土的冠状器

图 3-10　海宁瑞寺桥 M16：10 玉饰

　　如此，根据冠状器的年代早晚，瑶山 M1、M5、M14，可能还包括 M4（M4∶28 冠状器，顶部齐平，江苏昆山赵陵山 M77∶1 冠状器形制与此类同，年代应接近），墓葬年代均要早于 M9。

　　现存的墓穴深度也可以为瑶山核心墓区埋墓顺序的讨论提供参考。从已发现的良渚文化墓葬独木棺痕迹分析，独木棺的宽度多不超过 1 米，如果有 1 米深的墓穴，可以基本保证置棺后墓穴的完整。良渚文化大墓的椁，均为框形，没有椁底，直接套在棺上，如果棺椁具备，1.30 米深的墓穴也足够[①]。

　　瑶山北列 M11 和南列 M9、M10、M7 的墓穴深度均超过 1.30 米，根据已知的崧泽文化晚期至良渚文化早期完整墓葬的保存状态，推测这几个墓差不多是原生的状态。北列 M5 等墓、南列 M12 等墓相对较浅，北列 M1 在西 1 石坎外侧，说明在埋设 M1 时，西 1 石坎外的高度至少与现在的红土台台面齐平。M1、M4、M5、M14 墓组，等级相对较低，墓坑

---

① 浙江桐乡普安桥 M8 首次发现崧泽文化晚期至良渚文化早期的墓葬封土，是目前保存最为完整的崧泽文化至良渚文化时期的墓葬，棺痕明确，也应该有椁，但 M8 墓穴也仅深 0.85 米。反山王陵以 M12 为核心的 9 座墓葬埋设后，为良渚文化晚期土台加高叠压，M12 墓穴深约 1.10 米。普安桥中日联合考古队：《桐乡普安桥遗址早期墓葬及崧泽风格玉器》，载浙江省文物考古研究所编著《浙北崧泽文化考古报告集（1996—2014）》，文物出版社，2014 年，第 144 页。

规格不高，可能是在一个相近的时段埋设的。南列 M12、M2、M8，以及北列 M6，现墓穴明显较浅，尤其是核心墓葬 M12，现墓穴明显过浅，埋设时的平面至少还要高出现祭坛的红土台台面 0.50 米以上。如是，那么在 M9 等诸墓埋设并封土后，M12 诸墓的这一区域在埋设前还进行了加高。

核心墓葬 M12 等诸墓，属于瑶山核心墓区埋设的第三阶段。

从豆形制判读，M9 要早于 M4，而从冠状器形制判读，M4 所在的 M1、M5、M14 诸墓要早于 M9，只能说，M9 和上述墓葬的相对年代颇为接近，可以作为瑶山核心墓区墓葬埋设的第一阶段。这一阶段，反山王陵 M15 也已经埋设。

M7 出土的豆盘，大圈足出现凸棱，明显要晚于以 M9 为代表的诸墓。可以视作瑶山核心墓区埋设的第二阶段。

M7 打破 M11 墓穴东南的一个小角，虽然不影响墓区的规划，但 M11 总早于 M7 埋设。作为北列最高等级的 M11，是属于瑶山墓葬埋设的第一阶段还是第二阶段呢？还有毗邻 M7 的 M10 呢？ M9：1 带盖柱形器、M9：4 圆琮、M10：15 圆琮、M11：64 柱形器这四件刻纹风格和结构非常一致的玉器，把 M9、M10、M11 3 座墓葬紧紧联系在一起。所以，从总体上看，南列 M10、北列 M11 也属于瑶山核心墓区埋设的第一阶段。

值得再强调的是，在瑶山核心墓区埋设的第一阶段，反山王陵也开始了埋设墓葬，位于反山王陵西侧的等级较低的 M15 埋设时间大体与瑶山核心墓区埋设的第一阶段相当。当然，我们注意到反山 M15 出土了"肉""好"[①] 尺寸接近的外径为 14.3 厘米的璧（M15 : 35）。反山 M18、M22 等均要晚于瑶山以 M7 为代表的第二阶段，考虑到反山 M18 与反山 M15 同组，可知以反山 M12 为核心的主要墓葬都要晚于瑶山以 M7 为代表的第二阶段，极有可能也晚于瑶山以 M12 为核心的第三阶段。

瑶山埋设第一批墓葬的掘墓者，一定知道回字形祭坛，而且从瑶山遗址的主体范围来看，瑶山遗址的堆筑营建是一个连续的过程。如果把回字形祭坛遗迹和核心区墓地视为两个不太有联系的阶段，那么这么庞大的营建规模仅仅是为了回字形祭坛，就实在太匪夷所思了。

所以，瑶山回字形祭坛和墓地是复合型遗址，回字形祭坛的功能或者象征意义可能是观象测年，可备一说。

----

① 　"好"指璧的虚空部分，"肉"指孔周到璧周之长。

第四章

瑶山遗址核心墓区的各墓葬仪

　　M7，位于红土台南端，打破红土台西南角及灰土围沟，深至生土。长方形竖穴土坑墓，头向184°。墓坑长3.20米、宽1.60米、深0.64～1.30米。坑壁较直，墓内填灰色斑土。在墓南部发现人头骨朽痕及牙齿的残迹，推知头向应为南向。此墓共出土随葬器物160件（组），为此次发掘诸墓葬中最丰富的一座。玉器的数量最多，计148件（组），种类为琮、钺、三叉形器、锥形饰、冠状饰、带钩、串饰等。另外还有石钺3件；陶器4件，组合为鼎、豆、罐、缸；嵌玉漆器1件；鲨鱼牙4枚。

　　墓内南端有1串玉管及1件玉带盖柱形饰。3件（6、57、58）内径约5厘米的镯形玉器，分别置于墓室两端及中部。其中北端的一件（58）位于陶缸之上，中段的一件（57）显然因滚动跌落而破碎于墓室东侧，由此推知该器原置于棺顶。如棺外不存在某种空间，中段的镯形器就不可能出现滚动、跌落直至破碎的现象。据此，我们认为当时在棺外可能已有近似木椁的某种设施。头顶部置三叉形器1件和锥形饰 1 组 10 件，头部西侧有冠状玉饰。琮 2 件置于墓中部，大约相当于死者的腹部。玉钺置于东侧，刃缘向西，原似持于左手。镯 9 件，其中 7 件对应地分布于两侧，原应戴于两臂，似有臂环和腕镯之分。北部靠近陶器处有 1 件透雕牌饰。管、珠等散见于大玉器之间，原均应成串组合。按现存的遗物分布情况，南端相对空旷，可能原来是放置有机质随葬品的部位。

——浙江省文物考古研究所 :《余杭瑶山良渚文化祭坛遗址发掘简报》，（芮国耀执笔，牟永抗改定），《文物》1988 年第 1 期，第 33–34 页。

　　瑶山遗址核心区墓葬，分为南北两排，共 13 座墓葬，除了墓地有序规划、埋墓顺序、墓葬等级、墓葬之间关系等之外，可能还有其他与墓葬相关的迹象。1997 年度瑶山发掘，在 M14 北端部位发现一个东部被 M11 打破的灰坑（编号 97H1），南北宽约 1.50 米，东西残长 1.90 米，深约 0.50 米，坑底还发现极少量的朱红色漆皮样物质，可能是与墓葬有关的祭祀坑。

　　反山墓地整体到各墓的随葬玉器的品质、种类、数量、组合、刻纹，结合反山墓地主体所处年代正是大型超级工程水坝开始营建、莫角山开始逐步利用之时，是反山堪称王陵的主要依据。反山王陵随葬大琮、大玉钺、豪华玉权杖，以及复杂玉头饰的核心墓葬 M12 无疑是王者，M20、M14、M23 随葬成组玉半圆形头饰的三位墓主人，也极可能是王者。那么年代早于反山的瑶山遗址核心区墓葬的墓主人，他们中间最高等级的可能是王者吗？瑶山也可以称为王陵吗？

　　虽然瑶山 M12 被盗掘，但是收缴的大琮和多件玉琮、成组玉半圆形头饰等，完全可以与反山 M12 比肩。虽然瑶山遗址核心区墓葬时期，相应的高等级聚落还没有明确，但是，瑶山作为这一时期的发现的唯一最高等级墓地，以及与良渚古城遗址一脉相承的体系，也完全可以称之为王陵。

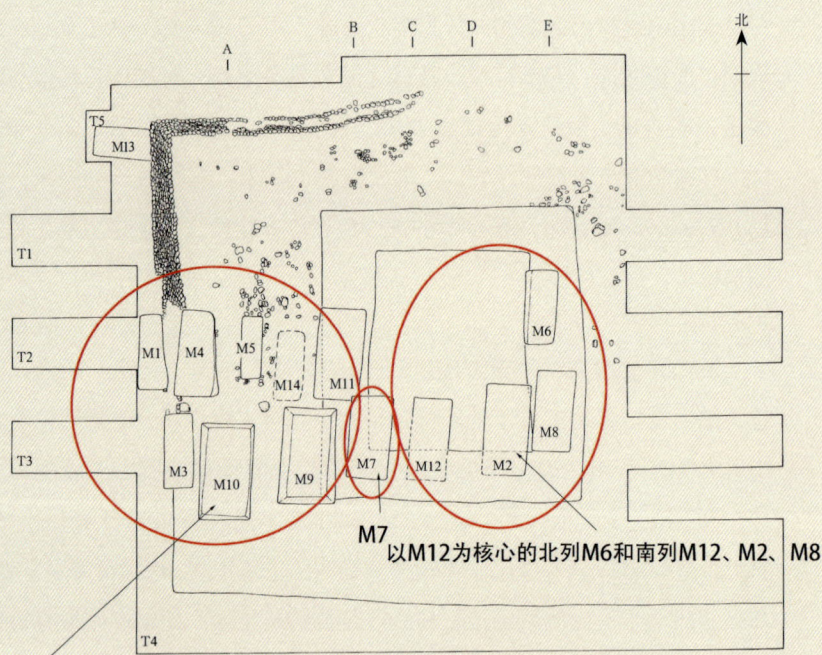

图 4-1 瑶山王陵以 M10、M7、M12 为代表的前后三组墓葬

瑶山核心区墓葬的等级，作为头饰的成组锥形器的数量，仍旧是主要标识。

瑶山 M3 一组 6 件，M10 一组 11 件，M9 一组 6 件，M7 一组 10 件，M2 一组 7 件，M8 一组 5 件。参照反山王陵成组锥形器的规格，瑶山 M10、M7 以及被盗的 M12 是瑶山南列等级最高的墓葬。极有可能在瑶山核心墓区中，反映瑶山核心墓区墓葬埋设三个阶段的代表 M10、M7、M12 代表了瑶山分阶段的最高等级墓主——良渚古城遗址开拓时期的三位王者。

瑶山核心区墓葬按规划分为南北两列墓葬，按时段分为三个阶段，按等级以 M10、M7、M12 为代表的王者（图 4-1）。

一　以 M10 为代表的核心墓区埋设的第一阶段

这一组共 8 座墓葬，包括北列 M1、M4、M5、M14、M11 和南列 M3、M10、M9，其中北列 M11 和南列 M10、M9 等级最高。

1. M1

M1 墓坑长 2.84 米，南端宽 1.18 米、北端宽 0.80 米，墓坑深约 0.20 米（图 4-2）。

图 4-2　瑶山 M1

M1 随葬品编号 30 件（组），单件计共 61 件。其中玉器编号 26 件（组），单件计共 57 件。陶器为鼎（27）[1]、豆（24）、罐（?, 26）[2]，大口缸（25），共 4 件（图 4-3）。

M1 : 30 龙首镯出土时高出墓底 20 厘米，原先应该放置在棺盖上。一组 3 件环镯、柱形器等距离放置在棺盖上，是良渚古城和周边地区高等级墓葬的标识。单件玉器放置在棺盖上，桐乡普安桥 M11 : 1 大孔环璧也是一例[3]。

M1 墓主头饰为冠状器（3）、一组 3 件隧孔珠（7、8、9）。项饰为璜串（4、5），胸饰为璜（12）和一组 6 件圆牌（小璧环）组成的配饰（13-1 ～ 13-6）。单件锥形器（15）放置在身体左侧（图 4-4）。

出土于墓主头部的隧孔珠往往一对 2 件位于墓主耳郭部位，这在崧泽文化晚期就开始出现，海宁小兜里 M2 还发现出土隧孔珠和玉管紧贴。而 M1 一组 3 件隧孔珠，呈三角形分布在头部位，或许是作为头罩类的

① 括号中为该墓器物编号，即 M1: 27，后文同。

② 指图 4-3 中标注的泥质灰陶器，括号中的问号是指不能完全确定是否为罐，后文同。

③ 北京大学考古学系、浙江省文物考古研究所、日本上智大学联合考古队：《浙江桐乡普安桥遗址发掘简报》，《文物》1998 年第 4 期，第 73 页。

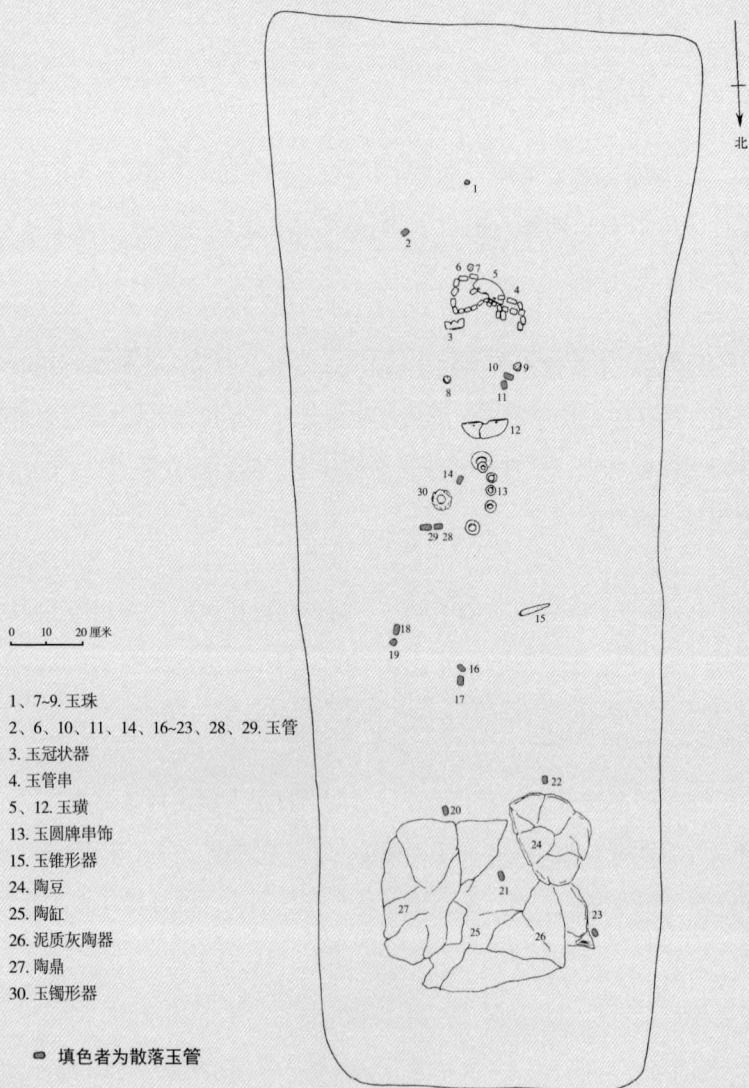

北

0   10   20 厘米

1、7~9. 玉珠
2、6、10、11、14、16~23、28、29. 玉管
3. 玉冠状器
4. 玉管串
5、12. 玉璜
13. 玉圆牌串饰
15. 玉锥形器
24. 陶豆
25. 陶缸
26. 泥质灰陶器
27. 陶鼎
30. 玉镯形器

▱ 填色者为散落玉管

图 4-3　瑶山 M1 平面图

图 4-4　瑶山 M1 头饰和胸饰出土玉器细部

缝缀玉件。

璜串中玉管 27 件，出土时彼此紧密相连，连接的长度约为 42 厘米，加之璜穿孔间距约为 4 厘米，璜串（4、5）围径约为 46 厘米。

胸饰的璜和成组圆牌极有可能是组合使用（图 4-5）。

M1 出土玉器数量不多，组合配伍关系清晰。值得注意的是，除了上述玉器之外，M1 墓室内还出土了 16 件管珠，纵向分布在墓室南北，其中至少三组是成对分布（28、29，18、19，16、17）。从野外照片辨识，脚端的 4 件管珠应该出土在随葬陶器之下。这类管珠极有可能是墓主敛服上的串缀件。

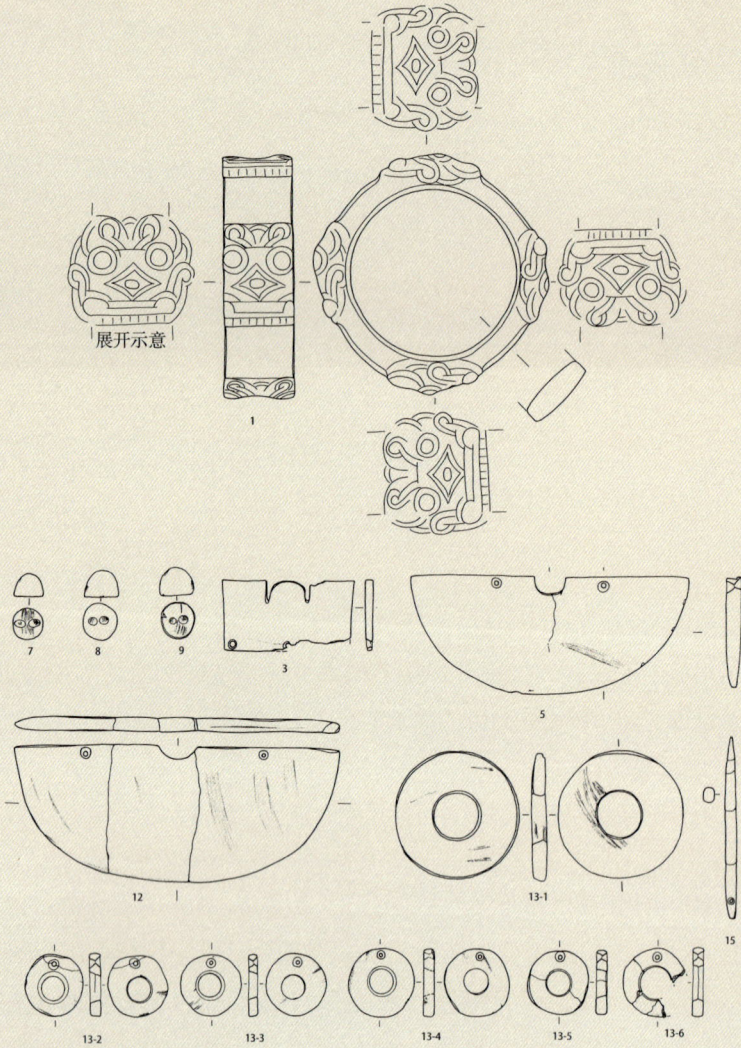

展开示意

图 4-5　瑶山 M1 主要出土玉器

图 4-6　瑶山 M1 葬仪复原示意

M1 葬仪复原如图 4-6 所示。

对于 M1 : 30 龙首镯（图 4-7），瑶山发掘简报就有精彩的描述，"利用环身的宽平面表现龙首的正面图形，图像下端为宽平的嘴裂，露出平直的上唇和上门齿 9 ～ 10 枚，以浮雕法突出于环体的外侧。在上唇的两侧琢出圆形突起的鼻孔，宽扁的鼻部与上唇平齐。图像上端与鼻翼相应的部分琢出一对圆突的眼球，外饰一道圆形的眼圈。两眼的上方用阴

图 4-7　瑶山 M1：30 龙首镯及其拓本

线刻出一对圆端的短角，短角的后方以示意性的浮雕显现近方形的两耳。在眼鼻之间环面稍稍弧陷，表现长而且大的鼻梁。在环体弧形侧面，用很浅的浮雕和阴刻线条表现深长的嘴裂和鼻及头部的侧视外形。细审图像各部，眼和牙近似水牛或鹿，鼻如猪，角和耳非牛非鹿，似为各种动物的结合图形。以往曾将这种玉器称为'蚩尤环'。我们认为如以平面加一个侧面进行斜向观察，其形态和我国传统观念中的龙形颇为近似。这种玉镯与商、西周乃至春秋战国时期的龙形玉雕有相似之处，环曲的

图 4-8　瑶山 M12-2789 琮节面刻纹

镯身，或可视作龙体的象征"[1]。瑶山 M1:30 龙首镯的刻纹不同于其他已知的良渚文化龙首纹，两耳内的"短角"不一定是鹿角等的写实。对称的上部卷曲的刻纹，也是其两侧的填刻纹样，只是左右置换而已。这类单一的一端螺旋形双线雕琢纹样，也见于瑶山 M12-2789 琮节面上的刻纹（图 4-8）。

[1]　浙江省文物考古研究所：《余杭瑶山良渚文化祭坛遗址发掘简报》，《文物》1988 年第 1 期，第 48 页。

2. M4

M4 墓口长 3.30 米，南端宽 1.68 米、北端宽 1.28 米，墓底有二层台，墓口至二层台面深 0.58～0.76 米，二层台高 0.08 米（图 4-9）。

M4 随葬品编号 45 件（组），单件计共 61 件。其中玉器 38 件（组），单件计共 54 件（图 4-10）。

M4 墓主头饰有冠状器（28）、一组 3 件隧孔珠（4、30、32）。其中32、30 号隧孔珠左右对称，边上各有 1 件体量明显小的玉珠（33、31），2 件玉珠大小基本一致，高 0.5 米、外径 0.7 厘米，应该彼此组合。4 号隧孔珠位于 3 号柱形器一侧，很可能彼此组合。项饰为璜串（34、35）（图4-11）。

M4 胸饰为璜和成组圆牌配饰（6、7～14）（图 4-12）。

M4 右腕镯 2 件（15、16），左腕镯 1 件（17），从野外照片看，残断锥形器（18）的一截压在镯上[1]。

柱形器 1 件（3）位于墓主头肩部右侧，一侧有 4 号隧孔珠，从野

---

[1] 《瑶山》第 60 页 M4 文字叙述、图六六 M4 平面图，与野外照片不符，现修正。

图 4-9　瑶山 M4

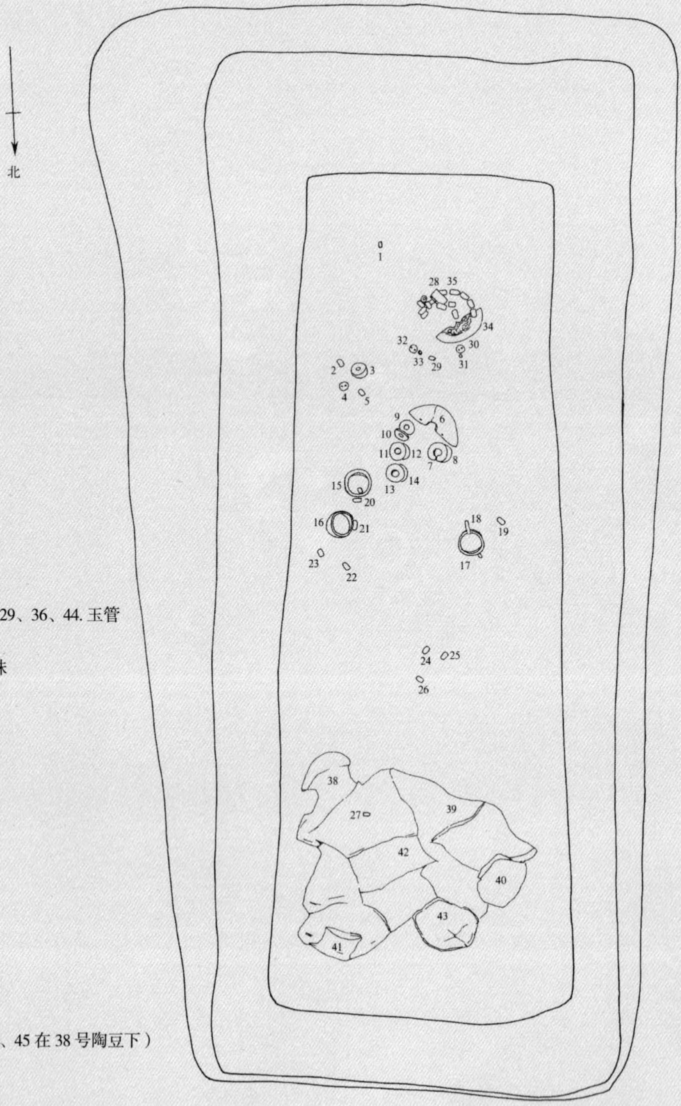

北

1、2、5、19~27、29、36、44. 玉管

3. 玉柱形器

4、30~33、37. 玉珠

6、34. 玉璜

7~14. 玉圆牌串饰

15~17. 玉镯形器

18. 玉锥形器

28. 玉冠状器

35. 玉管串

38. 陶豆

39. 夹砂红陶器

40. 陶圈足盘

41. 陶鼎

42. 陶缸

43. 泥质灰陶器

45. 平底盘

（注：36、37、44、45 在 38 号陶豆下）

0   10   20厘米

图 4-10　瑶山 M4 平面图

图 4-11　瑶山 M4 冠状器和项饰出土细部（左）
图 4-12　瑶山 M4 璜和成组圆牌出土细部（右）

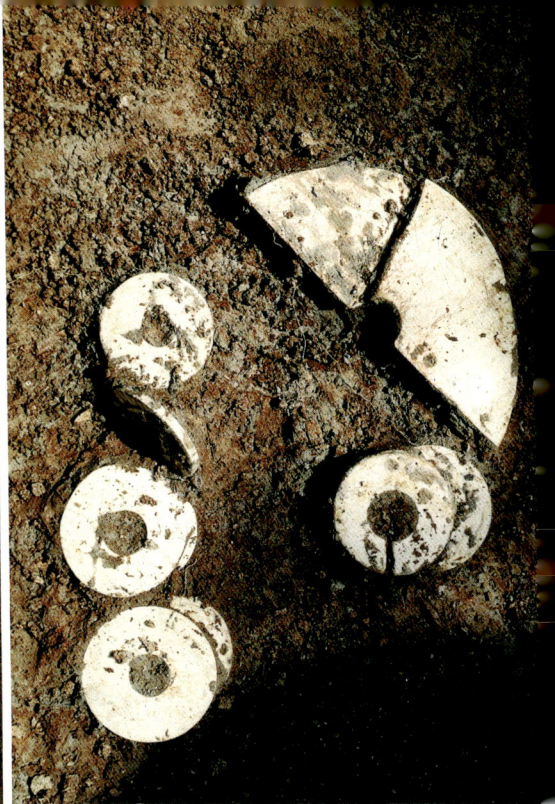

外照片甄别，柱形器小孔部位朝上，隧孔珠隧孔朝上（图 4-13）。

　　管珠 16 件，呈纵向散落在墓室中，其中墓室北部的管珠在随葬陶器之下。

　　脚端随葬陶器为鼎（41）、豆（38）、罐（？，43）、盘（45）、夹砂红陶器（39）、大口缸（42）。

　　M4 葬仪复原如图 4-14 所示。

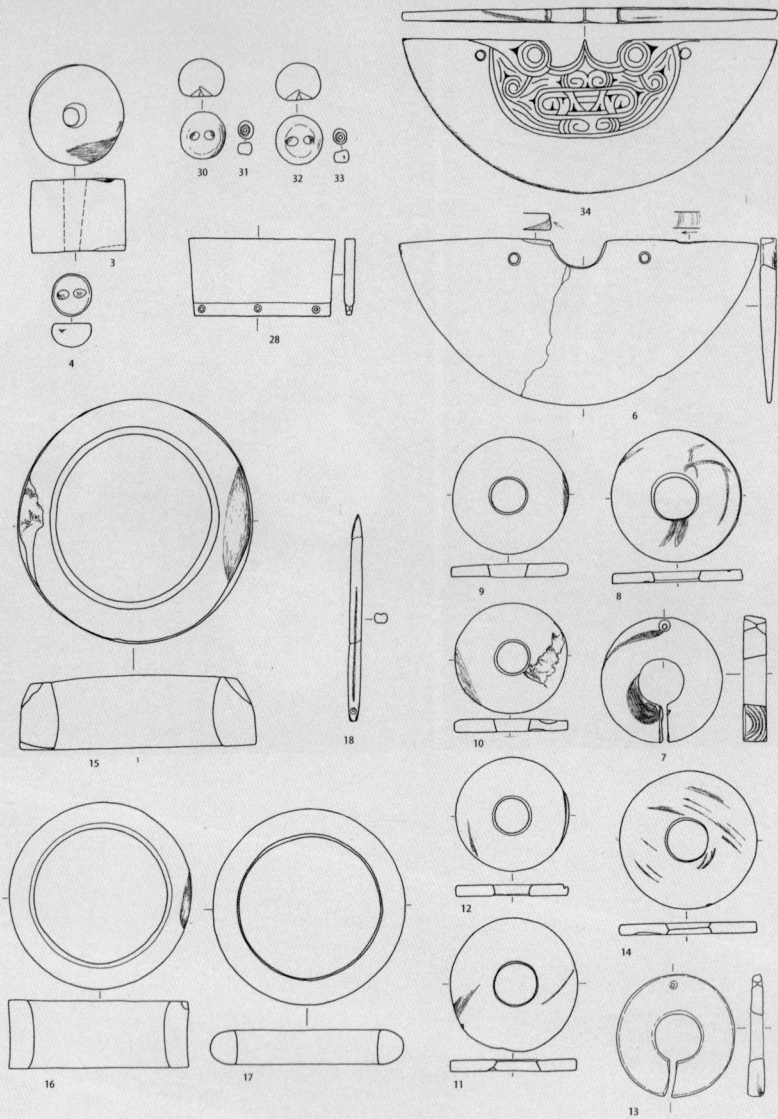

图 4-13　瑶山 M4 主要出土玉器

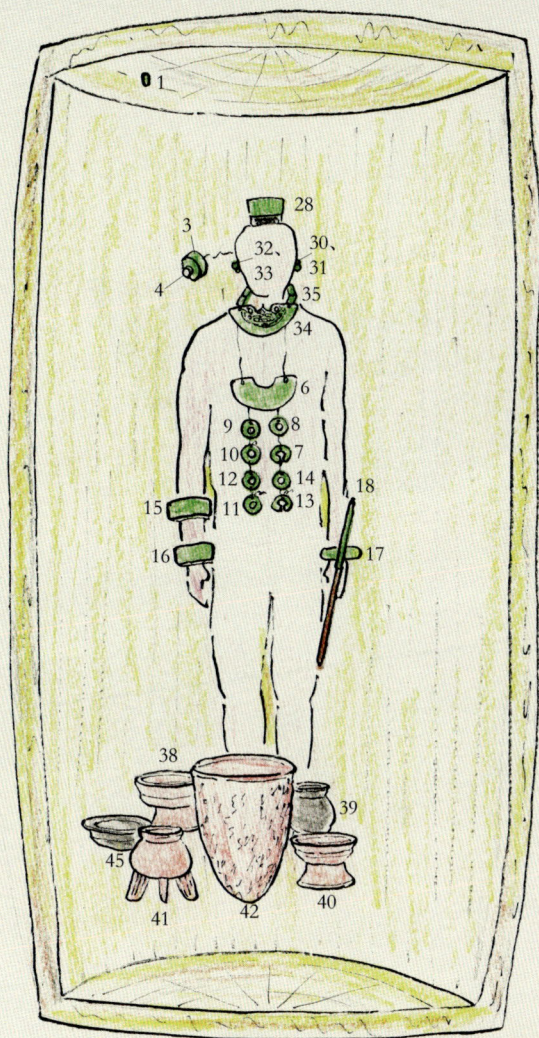

图 4-14 瑶山 M4 葬仪复原示意

图 4-15　瑶山 M4：34 璜和相关玉器刻纹

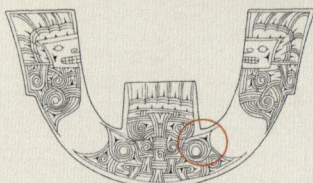

　　M4：34 璜（图 4-15）正面雕琢神兽像，图像是龙首纹向神人兽面像发展的过渡形式之一，神兽为尖角眼，斜下侧填刻螺旋和尖喙图案，鼻端部位为对称的螺旋和尖喙纹样，鼻梁部位为菱形纹，与尖凸浑然一体，阔嘴獠牙，刻划蹲伏的下肢，神兽像外围以双线半圆周边，尚保留龙首纹展开的形式。这类双线半圆周边，也应是良渚文化早期玉琮节面"脸庞线"刻划的由来。尖角神兽眼见于瑶山 M7：26 三叉形器、反山 M16：4 冠状器，图像发展路线清晰。

3. M5

M5 墓扩长 2.42 米，宽 0.79 米，深 0.34 米（图 4-16）。

M5 随葬品编号 12 件（组），单件计共 22 件。其中玉器 9 件（组），单件计共 19 件。M5 是瑶山核心墓区出土玉器数量最少的墓葬之一，也是墓坑保存最浅的墓葬（图 4-17）[①]。

M5 墓主头饰为冠状器（3）、一对隧孔珠（6-1、6-2）。项饰为管串（4、5），其中 5 号一组 8 件，4 号一组 2 件，体型稍大，两组玉管长短不一，不合规范。

值得关注的是墓主头部上方出土的圆牌和隧孔珠组合（2、1），隧孔珠恰好位于圆牌穿孔位置，经与野外照片比对，圆牌的小孔应朝上。2号圆牌未有系孔，外径 4.3 厘米，单面管钻，另面稍加修治，孔外径 1.6厘米，孔内径测图约 1.2 厘米。1 号隧孔珠外径 1.35 厘米，大于作为头饰的那对隧孔珠（外径 1.2 厘米），放置在 2 号圆牌穿孔部位刚好吻合。海宁小兜里 M3 发现的隧孔珠与玉管出土时紧密相贴，存在组合关系，不仅验证了反山、瑶山头部出土的成对隧孔珠与玉管的组合关系，而且似

---

① 《瑶山》第 66 页图七五 7 号玦式圆牌右侧标识删除。

图 4-16　瑶山 M5

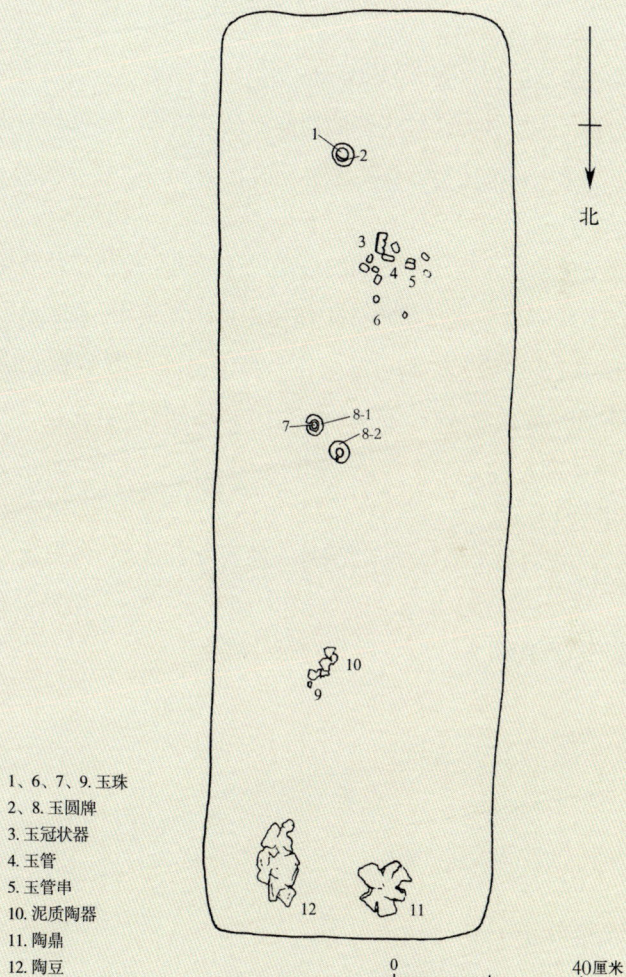

北

1、6、7、9. 玉珠
2、8. 玉圆牌
3. 玉冠状器
4. 玉管
5. 玉管串
10. 泥质陶器
11. 陶鼎
12. 陶豆

0   40厘米

图 4-17　瑶山 M5 平面图

乎还是带盖柱形器的迷你版①。瑶山 M5 头部出土的极有可能组合的隧孔珠和圆牌组合，为判读带盖柱形器的功能提供了启示，笔者认为带盖柱形器不排除与墓主特殊的头饰有关（图 4-18）。

在良渚文化典型玉璧出现之前的崧泽文化晚期至良渚文化时期，圆牌（小璧环）除了作为成组串饰，也作为单独串饰使用。M5 墓室中部一对块式圆牌（8-1、8-2），则可能是作为墓主腕饰使用（图 4-19）。如桐乡普安桥 M8，尚保留骨骸，右腕外侧有小玉瑗 2 件（小玉瑗，即圆牌、小璧环）（图 4-20）②。

M5 随葬陶鼎（11）、豆（12），另外一件泥质陶器或可能为罐（10）。

M5 葬仪复原如图 4-21 所示。

① 浙江省文物考古研究所、海宁市博物馆：《小兜里》，文物出版社，2015 年，第 48 页。

② 普安桥中日联合考古队：《桐乡普安桥遗址早期墓葬及崧泽风格玉器》，载浙江省文物考古研究所编著《浙北崧泽文化考古报告集（1996—2014）》，文物出版社，2014 年，第 145 页。

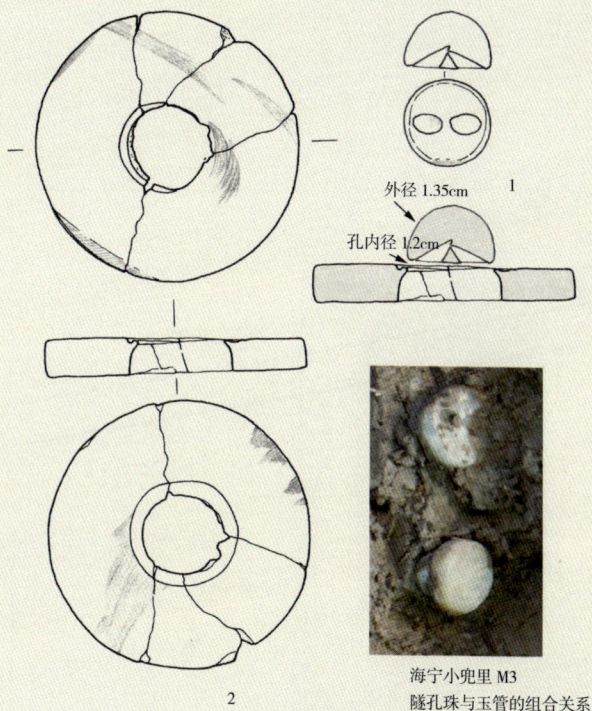

外径 1.35cm

孔内径 1.2cm

海宁小兜里 M3
隧孔珠与玉管的组合关系

图 4-18　瑶山 M5 隧孔珠、圆牌组合和复原示意

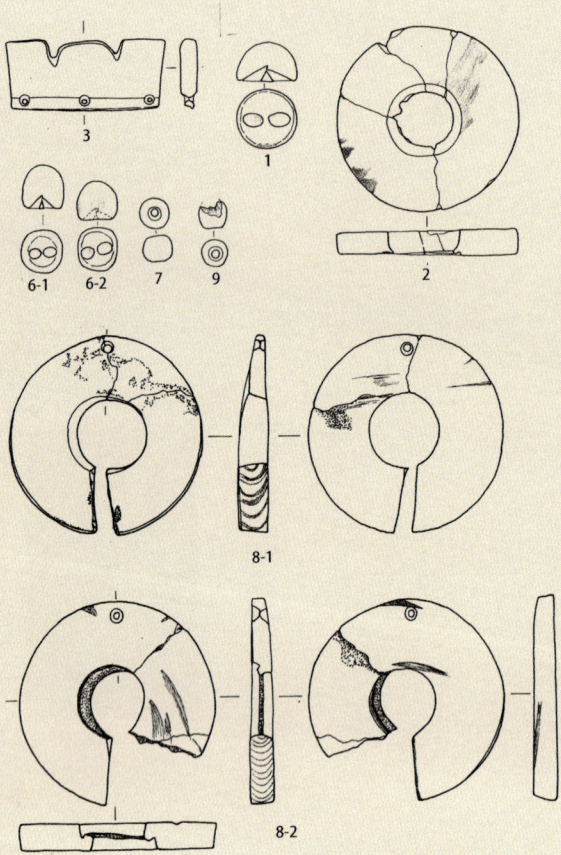

图 4-19　瑶山 M5 主要出土玉器

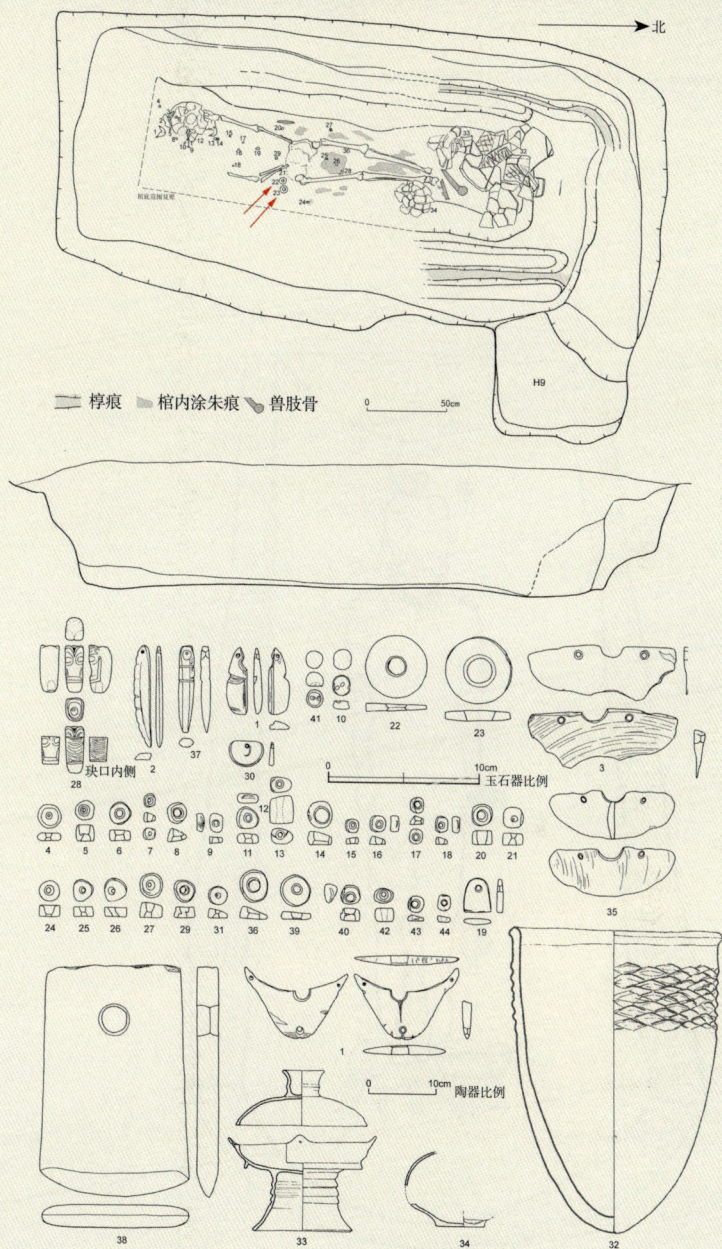

图4-20　桐乡普安桥M8平剖面图及随葬器物

図中注記：

北

樟痕　棺内涂朱痕　兽肢骨　0　50cm

玦口内侧　玉石器比例　0　10cm

陶器比例　0　10cm

H9

图 4-21　瑶山 M5 葬仪复原示意

4. M14

M14 墓圹长 2.80 米，宽 1.00～1.15 米，深约 0.60 米（图 4-22）。

M14 随葬品单件编号 52 件，其中玉器 48 件，陶器 4 件（图 4-23 和图 4-24）。

M14 墓主头饰为冠状器（10）和 1 对隧孔珠（11、12）。项饰为管串一组 9 件（1～9）。左右腕镯各 1 件（39、36），锥形器 1 件（37）位于右腕镯之上，断裂为四截。《瑶山》报告称瑶山 M4 断成三截的锥形器（18）位于腕镯（17）下，根据照片重新甄别，可知也是在腕镯上。

图 4-22　瑶山 M14

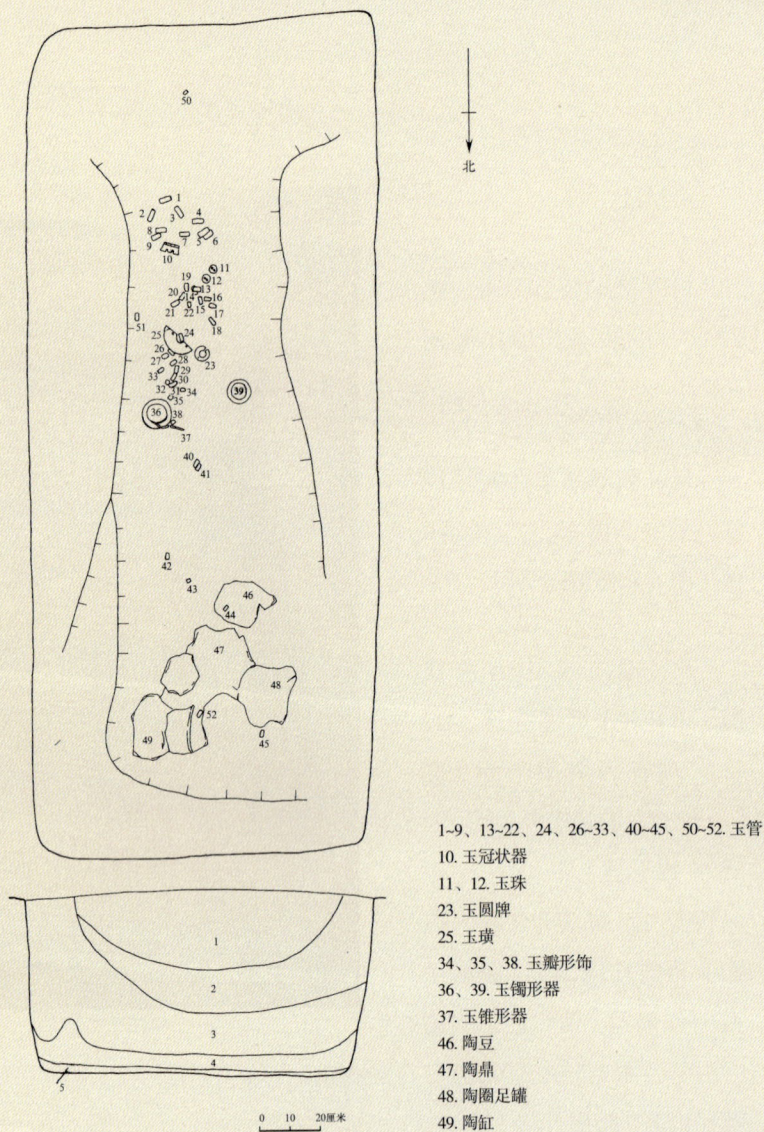

北

1~9、13~22、24、26~33、40~45、50~52. 玉管
10. 玉冠状器
11、12. 玉珠
23. 玉圆牌
25. 玉璜
34、35、38. 玉瓣形饰
36、39. 玉镯形器
37. 玉锥形器
46. 陶豆
47. 陶鼎
48. 陶圈足罐
49. 陶缸

0　10　20厘米

图 4-23　瑶山 M14 平、剖面图

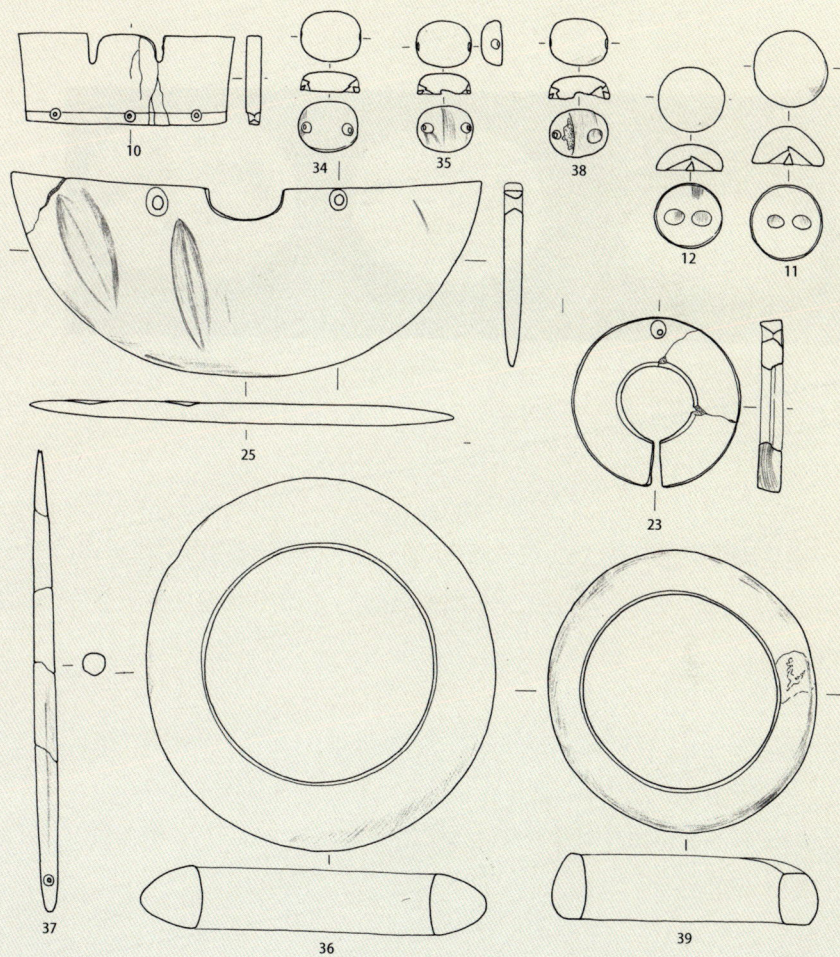

图 4-24 瑶山 M14 主要出土玉器

图 4-25　瑶山 M14：34、35、38 瓣形饰

墓主胸腹部位有璜(25)、玦式圆牌(23)，上下各有一组管串(13 ～ 22、26 ～ 33)，彼此或组合为组佩，或单独不组合，但均作为墓主胸腹部位的玉饰件。

瓣形饰一组 3 件（34、35、38），大致呈纵向分布在上述组佩下方。

M14 脚端部位随葬陶器 4 件，分别为豆（46）、鼎（47）、罐（48）、大口缸（49）。

M14 瓣形饰（图 4-25）平面略呈椭圆形，正面弧凸，另面平，两端斜向隧孔，长约 1.5 厘米、厚 0.6 厘米，应该是墓主服饰上的缝缀玉件。瑶山 M11 出土瓣形饰最多，达 75 件（81、82），反山 M16 也有出土。瓣

图 4-26   反山 M14：187 玉蝉

形饰器型小巧，还要加工呈椭圆外形的弧凸面，耗工费时。斜向钻隧孔，作为缝缀玉件，其效果与椭圆形的粘贴玉片性质一样，但后者只是粘贴表现而已。两者图像的含义应该有别，椭圆形玉片和玉粒用于凸显图像的重要部位，如神人兽面像中的椭圆形刻划，或椭圆形螺旋线的中心留白部分。如反山 M12 豪华权杖玉瑁上椭圆形刻划的双旋、瑶山 M10：6 三叉形器中叉上方的椭圆形刻划，以及冠状器上的镂空和刻划等。但是，形体比玉粒明显为大的椭圆形的这类瓣形弧凸玉器，其造型本意很可能取之于某类特殊动物造型，就目前已知的良渚文化玉器玉雕，蝉的可能性最大（图 4-26）[1]。

---

[1]   在后石家河文化中，湖北天门石家河古城肖家屋脊瓮棺葬 W6 中，多件玉蝉成组出土，可能作为墓主的头饰和覆面。方向明：《再论肖家屋脊遗址瓮棺葬出土的相关玉器》，载湖北省文物考古研究所编《纪念石家河遗址考古发掘 60 年学术研讨会论文集》，科学出版社，2019 年，第 215 页。

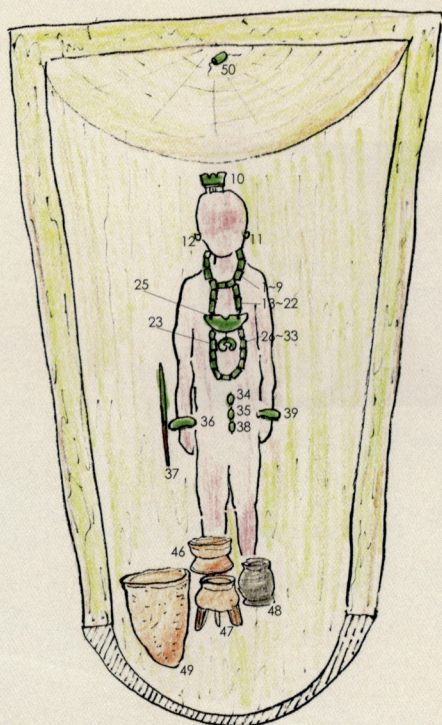

图 4-27　瑶山 M14 葬仪复原示意

M14 葬仪复原如图 4-27 所示。

5. M11

M11 是瑶山北列墓葬中最为显赫的，出土了多件刻纹玉器。

M11 墓圹长 3.15 米，宽 1.70 米，深 1.58 米（图 4-28）。

M11 随葬品编号 96 件（组），单件计共 546 件。其中玉器编号 87 件（组），单件计共 537 件。绿松石 2 件。陶器 7 件，包括鼎（10）、鼎甑（47、48）、豆（50）、罐（49）、过滤器（9）、大口缸（13）（图 4-29）。

M11 出土柱形器 4 件（63、64、85、88），不能确定原先是否放置在棺盖上，尤其是 85 号柱形器出土时紧贴项饰璜串。

M11 墓主头饰为冠状器（86）和一对隧孔珠（87-1、87-2）。项饰为三组璜串，84 号璜被压在两组管串（95、96）之下，83 号璜叠压在这两组管串之上，94 号璜位于两组管串之间。94 号璜各有两组系孔，经对野外照片甄别，两组管串分别与 94 号璜直接串系。84、83 号璜或可能系在 94 号璜串上，或单独系绳串挂。三组璜串串挂时，83 号璜位于围脖正面，94、84 号位于围脖两侧（图 4-30）。

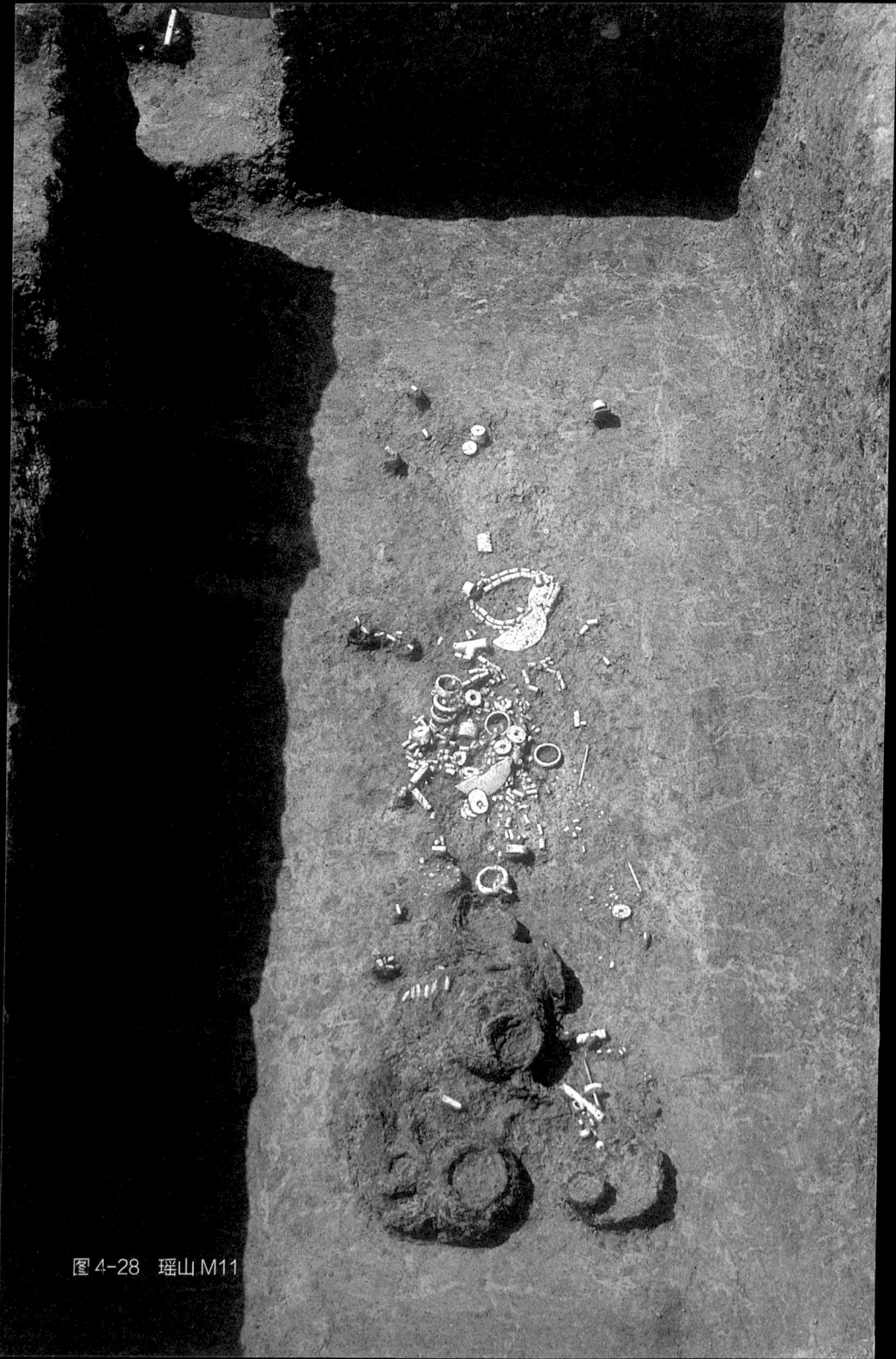

图 4-28　瑶山 M11

北

1、2、4~6、8、11、12、14、21、26、
27、29、31~34、37、38、40、41、
74、79、90~92. 玉管

3. 玉端饰

7、28、35、39、46、87、93. 玉珠

9. 陶过滤器

10. 陶鼎

13. 陶缸

15、72. 玉刀柄

16. 玉纺轮

17、18、23、25、36、45、80. 玉粒

19、22. 绿松石珠

20. 玉长管

24. 玉坠

30. 玉弹形饰

42、52、65~71. 玉镯形器

43. 玉圆牌

44、75. 玉锥形器

47、48. 陶鼎甑

49. 陶圈足罐

50. 陶豆

51、76、77、95、96. 玉管串

53、55~62. 玉圆牌串饰

54、83、84、94. 玉璜

63、64、85、88. 玉柱形器

73. 玉刻纹管

78. 玉珠串

81、82. 玉瓣形饰

86. 玉冠状器

89. 玉带盖柱形器

（注：8 在 9 下，11 在 10 下，14 在 13
下，56 在 55 下）

0　　10　　20厘米

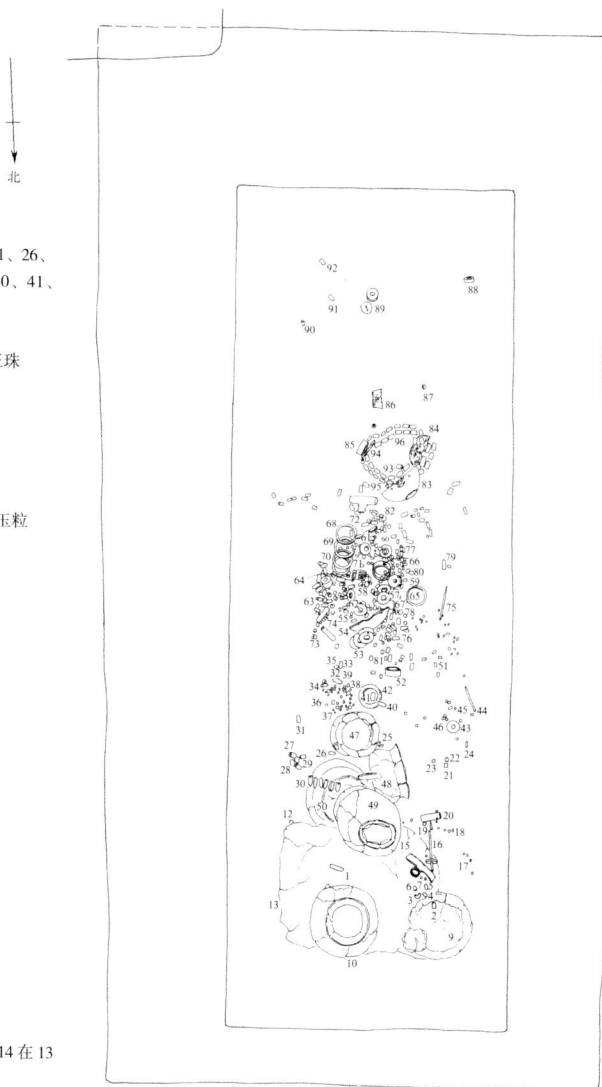

图 4-29　瑶山 M11 平面图

图 4-30　瑶山 M11 三组璜串出土细部

带盖柱形器（89）位于头部上方。

M11 墓主胸腹部位的管珠密集散乱，较难判读是否为敛尸的缚系或者是更大围径的项饰，从局部的玉管出土情况以及与瑶山 M7、M10 和反山 M17 等横向扁圆状串系分布比较来看，M11 墓主胸腹部位的玉管多纵向分布，一些还叠压成组圆牌，所以，有更大围径的项饰存在的可能性极大（图 4-31）。

最为重要的是，M11 出土了北列墓葬最为复杂和丰富的成组圆牌和璜组合的组佩，一组 12 件，其中位于 54 号璜上方的圆牌分列两列各 4 件，

图 4-31　瑶山 M11 墓主胸腹部位出土玉器状况

左侧分别为 60、59、55、56 号，右侧分别为 61、58、62、57 号，54 号
璜下方分别为 53-4、53-3、53-2、53-1 号。

　　M11 有作为臂饰的镯形器 7 件，右臂为 68 ～ 71 号，左臂为 66、
65、67 号，孔内径为 5.6 ～ 5.8 厘米，甚为接近。68 号为绞丝镯（图 4-32）。

　　墓室中部偏南，也即复杂组佩的下方，还有 2 件镯形器（52、42），
用途不明，52 号镯形器孔内径 4.7 厘米，42 号镯形器孔内径 5.9 厘米，也
与墓主串戴的腕饰尺寸不符。M11 共出土瓣形饰 75 件（81、82），形态
基本一致，但略有大小之分，82 号有 3 件中部另有隧孔。M11 瓣形饰大

117

图 4-32　瑶山 M11 绞丝镯等出土细部

体呈纵向分布，从野外照片看，超过 30 件出土时位于墓底，且背面朝上，说明如果作为墓主服饰的缝缀玉件，还有相当大部分缝缀在背后（图4-33、图 4-34 和图 4-35）。反山 M16 瓣形饰出土时也位于墓主下半身部位，如果玉瓣形饰取之于蝉，寓意就更深长了。

　　M11 出土粘贴用玉粒 84 件（17、18、23、25、36、45、80），具体载体不明。除 23 号为 1 件外，其余编号都由多件玉粒组成，36 号玉粒集中出土，共有 32 件，其中 4 件为圆形，形体相对较大。青浦福泉山遗址发掘最早注意到不同形状的镶嵌小玉片可能镶嵌于神像图案上，非

图 4-33　瑶山 M11 墓底瓣形饰出土情况

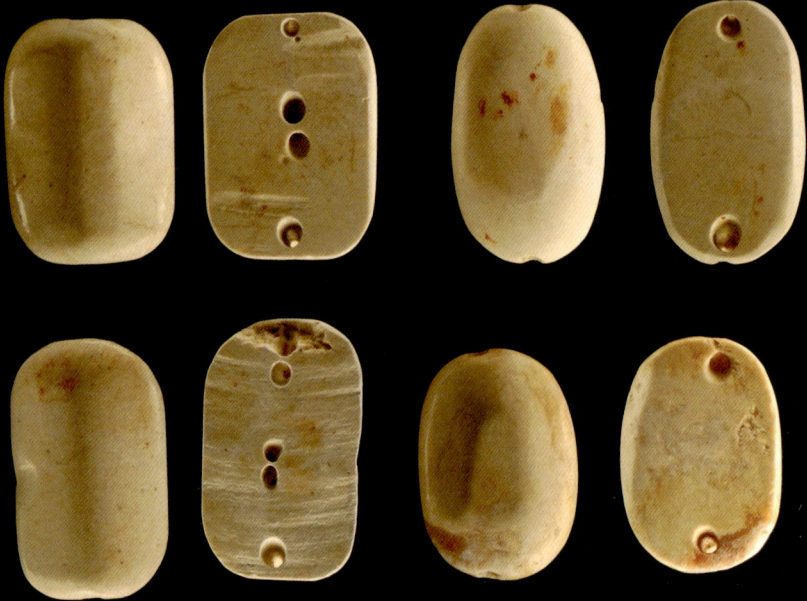

图 4-34　瑶山 M11 : 82 瓣形饰举例（1）

图4-35　瑶山 M11：82 瓣形饰举例（2）

常有见地[1]。36 号玉粒中的其中 1 件背面有清晰的双向线切割痕迹,反映了制作这类玉器的细作工艺（图 4-36）。

72 号玉手柄仅此一件，卯孔朝北，载体不明。

75 号锥形器位于墓主左腕处。

墓室北端除了随葬陶器外，有放置在大口缸上的长玉管（1）、集中出土的玉刀柄（15）、玉带杆纺轮（16），以及可能与小工具套有关的玉端饰（3）等，还有一组 7 件放置在陶豆（50）上的弹形玉端饰（30）。说明墓室北端放置陶器后，还极有可能再加设搁板（图 4-37）。

值得注意的是墓室东南侧，小范围内出土锥形器 1 件（44）、小坠 1 件（24）、圆牌 1 件（43）、一组隧孔珠（19、22），似乎是一个人的耳饰、项饰、胸饰。笔者推测这一区域极有可能有一人随葬。

M11 主要出土玉器如图 4-38 所示。

M11 棺内葬仪复原如图 4-39 所示。

....

① 上海市文物管理委员会、黄宣佩：《福泉山——新石器时代遗址发掘报告》，文物出版社，2000 年，第 95-96 页。

122

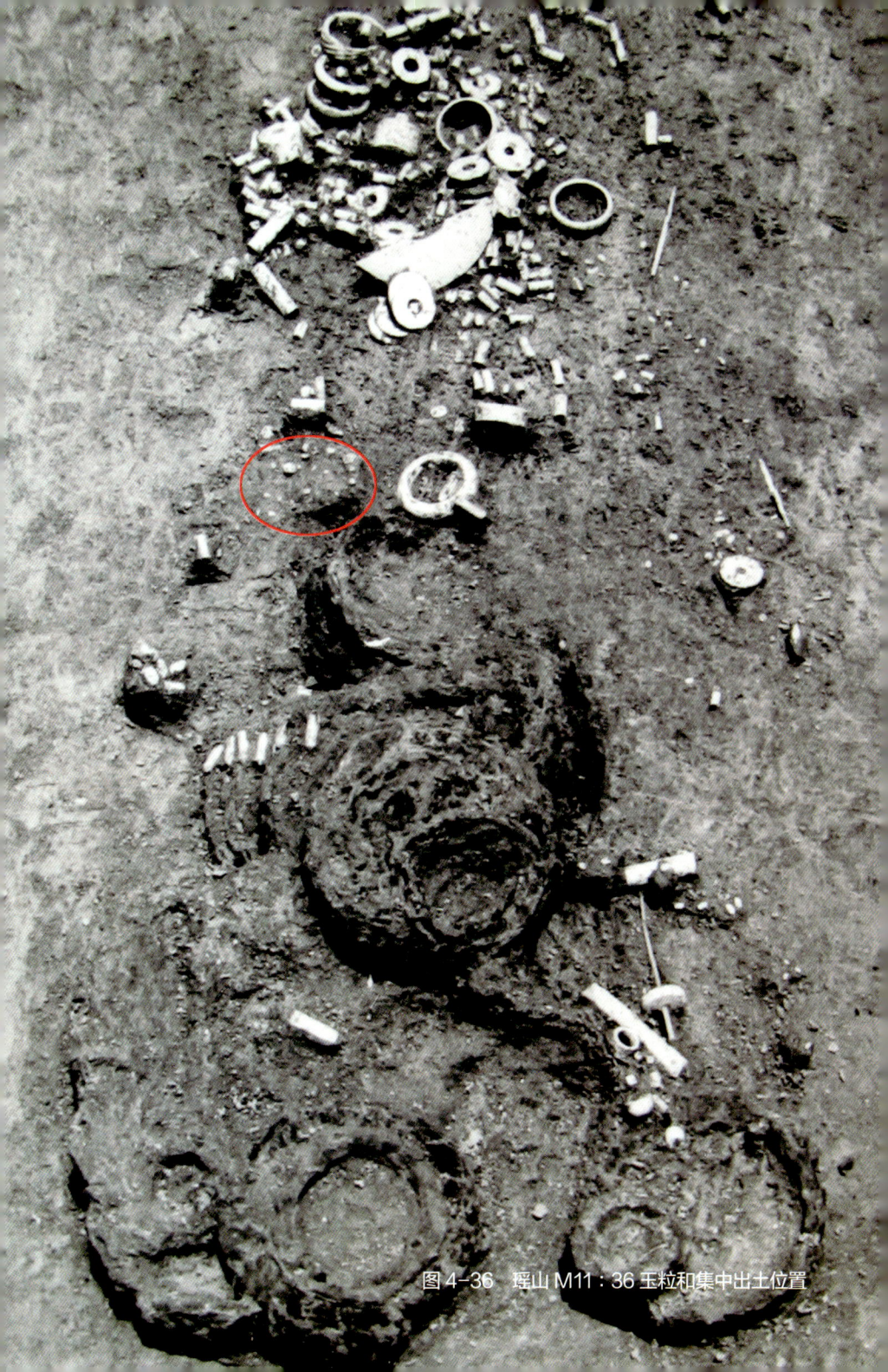

图 4-36　瑶山 M11：36 玉粒和集中出土位置

图 4-37　瑶山 M11 墓室北端出土的玉带杆纺轮等

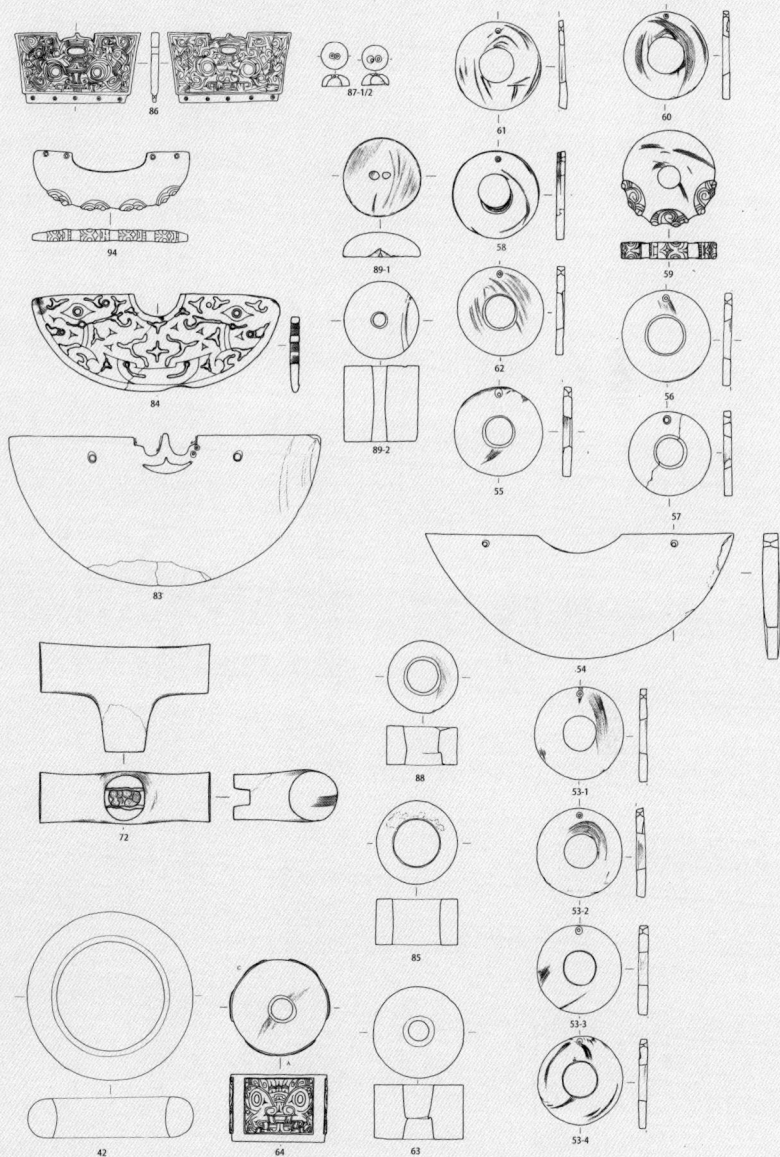

86

87-1/2

61

60

94

89-1

58

59

84

62

56

89-2

55

57

83

54

72

88

53-1

85

53-2

53-3

42

64

63

53-4

（a）

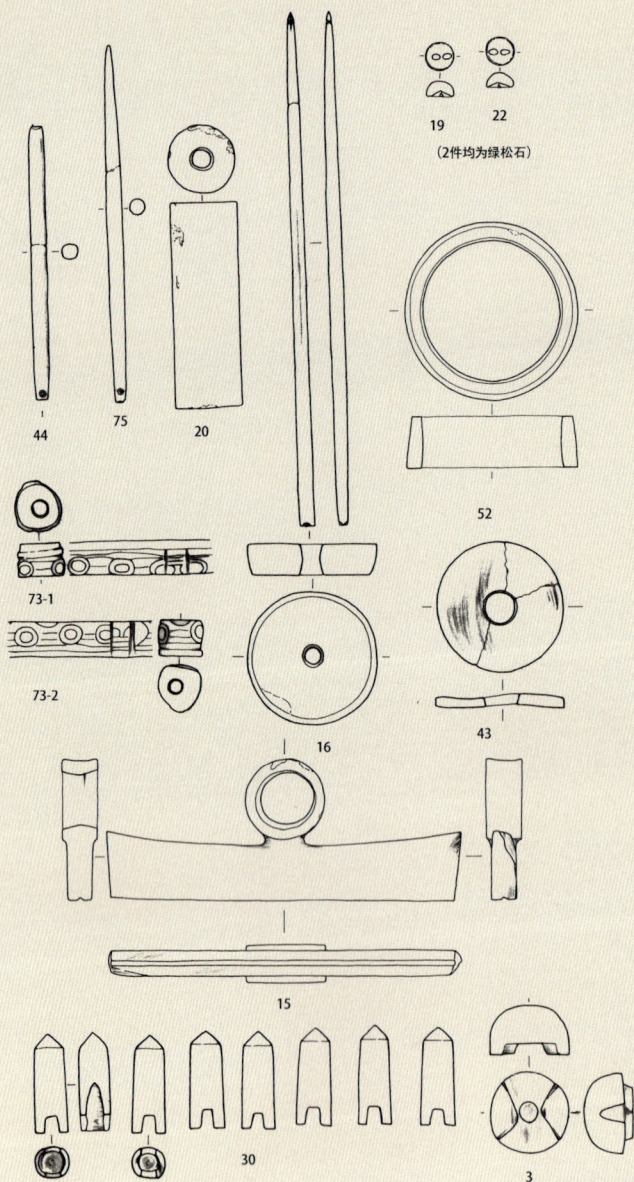

19   22

（2件均为绿松石）

44   75   20

73-1

73-2

52

16

43

15

30   3

（b）

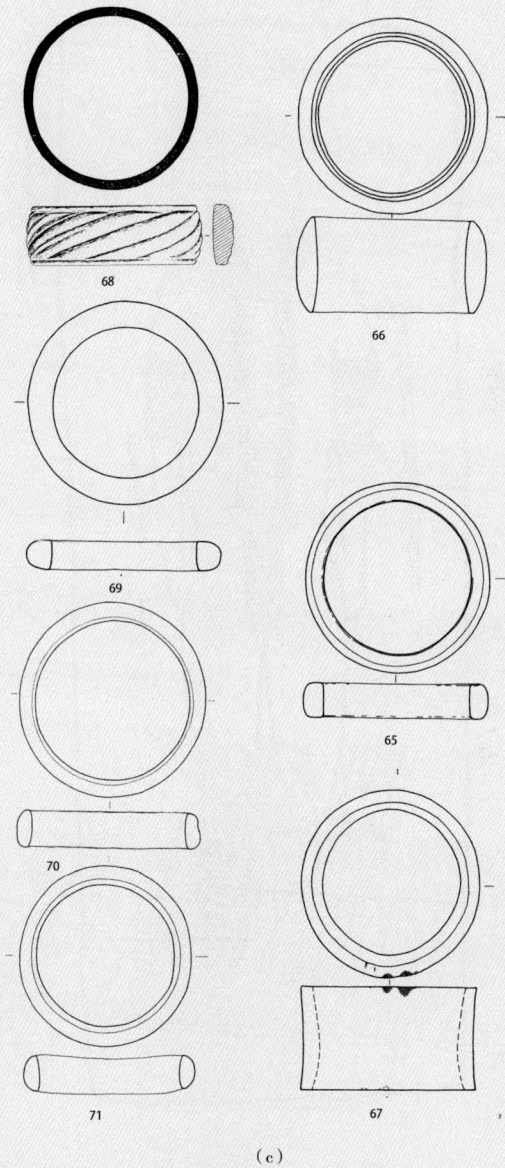

（c）

图 4-38　瑶山 M11 主要出土玉器

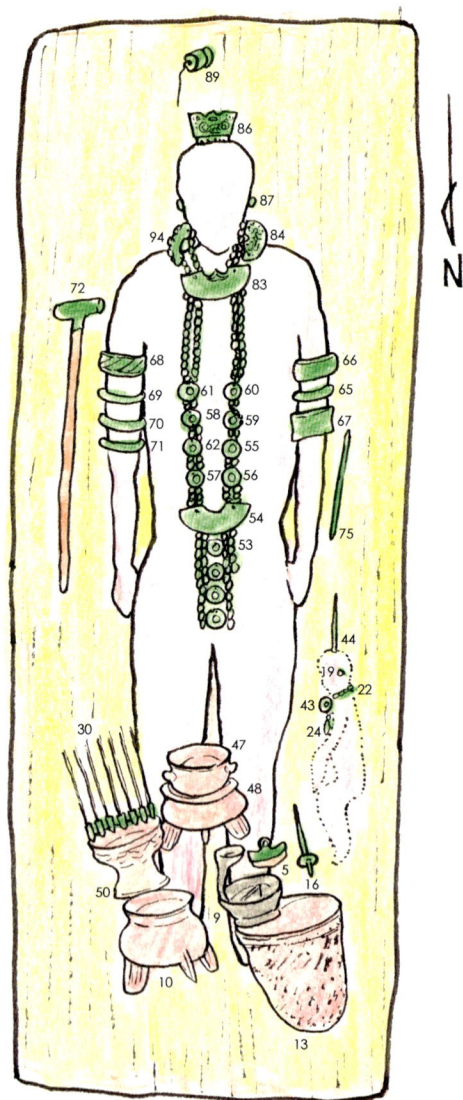

图 4-39　瑶山 M11 棺内葬仪示意

变体的神鸟纹

居中的神兽

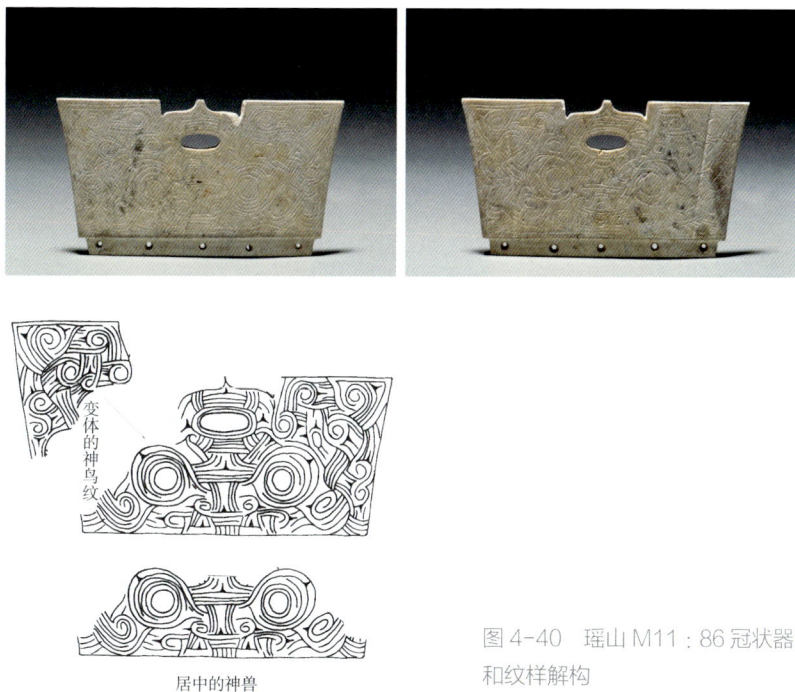

图 4-40　瑶山 M11：86 冠状器和纹样解构

　　M11：86 冠状器，两面均雕琢神兽像，纹样结构完全一致，细部却大不相同：一面线条流畅，线条元素完整；另一面线条干涩，随意省略，还留有切割痕迹，应该是冠状器的背面。神兽像的斜两侧可视作鸟形象，独立的可参见瑶山 M2：1 冠状器，作为纹样的可以参考反山 M15：7 冠状器，神兽像上方的介字形冠和蒜头状雕刻可以参见反山 M16：4 冠状器的顶部结构（图 4-40）。

M11:83 璜内凹半圆处线搜尖角并凸起，并有〰（飞鸟形）镂孔，也是瑶山 M4：34 璜尖凸的极好补充。〰纹样，见于良渚文化晚期高琮的铭刻，是陶器太阳 - 飞鸟类图像的主题，也是大汶口文化"日鸟山"图像的主题。在庙底沟文化彩陶中，"日鸟"下方添加三竖道，成为"三足乌"。〰纹最早见于河姆渡文化，余姚河姆渡 T33（4）：98 陶块〰纹两侧为太阳纹兽，余姚田螺山 T103 ⑧：25 龟背盉上〰纹与刻太阳纹的猪、鹿组合。凌家滩文化、薛家岗文化出土玉器中的相应纹样，以及临平玉架山相关玉器造型均与此有关。甚至商周时期兽面纹额头上常见的填刻纹样也与此有关（图 4-41）[1]。

M11：84 璜两面以透雕和阴线刻相结合的手法雕琢神兽像，还可以读识为两两相向的龙纹[2]。神兽像的鼻梁部位雕琢菱形图像，是龙首纹的特征。这件璜的图像可以视为龙首正面和两侧展开的结合形式。类似的形式，可以参见红山文化勾云形玉器和凌家滩遗址 98M29：6 玉鹰（图 4-42）。

① 方向明：《大汶口、良渚晚期和好川——从图符考察观念形态的交流和融会》，载中国考古学会编《中国考古学会第十四次年会论文集（2011）》，文物出版社，2012 年，第 156 页。
② 芮国耀、沈岳明：《良渚文化与商文化关系三例》，《考古》1992 年第 10 期。

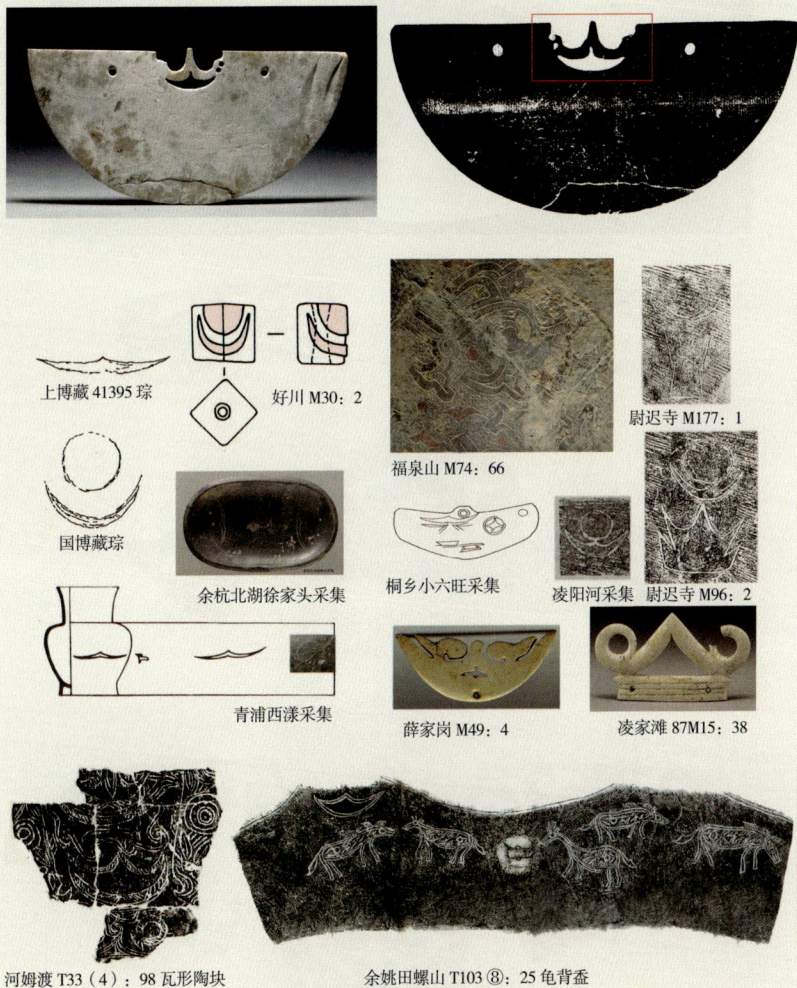

上博藏 41395 琮

好川 M30：2

福泉山 M74：66

尉迟寺 M177：1

国博藏琮

余杭北湖徐家头采集

桐乡小六旺采集

凌阳河采集　尉迟寺 M96：2

青浦西漾采集

薛家岗 M49：4

凌家滩 87M15：38

河姆渡 T33（4）：98 瓦形陶块

余姚田螺山 T103 ⑧：25 龟背盉

图 4-41　瑶山 M11：83 璜和 〰 纹的相关图像资料

眼睛　　　　　　　　　　　　眼睛

下肢　　　　鼻梁部位的菱形图案　　　　下肢
　　　　　和下部的U形鼻翼

龙眼　　　龙鬃

龙嘴

侧面的龙　　侧面的龙

龙爪

图 4-42　瑶山 M11：84 璜（正面）和纹样解构

M11：94 璜、M11：59 圆牌的缘面和两侧雕琢多组龙首纹。这类以一个正面和两个侧面在近似椭圆形的适合范围内表现龙首，与琮节面以折角两侧在框状的适合范围内展开表现神像的技法一致（图 4-43）。

M11：64 柱形器刻纹布局和内容与 M9：1 带盖柱形器、M9：4 圆琮、M10：15 圆琮非常接近，虽然可以把图像下部读识为蹲伏的下肢的简约形式，但是 M11：64 柱形器的 B 面可以清晰地看出阔嘴外围的"吻部"，可以与完整神像对应，佐证了神像的构图层次（图 4-44）。

M11：68 绞丝镯是牟永抗提出光的旋转的重要物证[1]，可与反山 M12：87 柱形器上完整神像和神兽像错落旋转的形式比较。绞丝镯外壁总共以斜线雕琢 13 道弦纹，数道不一定有特定的含义。立面展现的 M11:68 绞丝镯，是春秋战国时期平面展现的夔龙绞丝环的先声（图 4-45 和图 4-46）[2]。

---

① 牟永抗：《光的旋转——良渚玉器工与艺的展续研究》，载浙江省文物考古研究所、香港中文大学中国考古艺术研究中心编，邓聪、曹锦炎主编《良渚玉工》，2015 年，第 100 页。

② 1974 年河北平山三汲中山王厝墓陪葬墓出土。参见河北省文物局：《战国中山文明》，岭南美术出版社，2001 年，第 72 页。

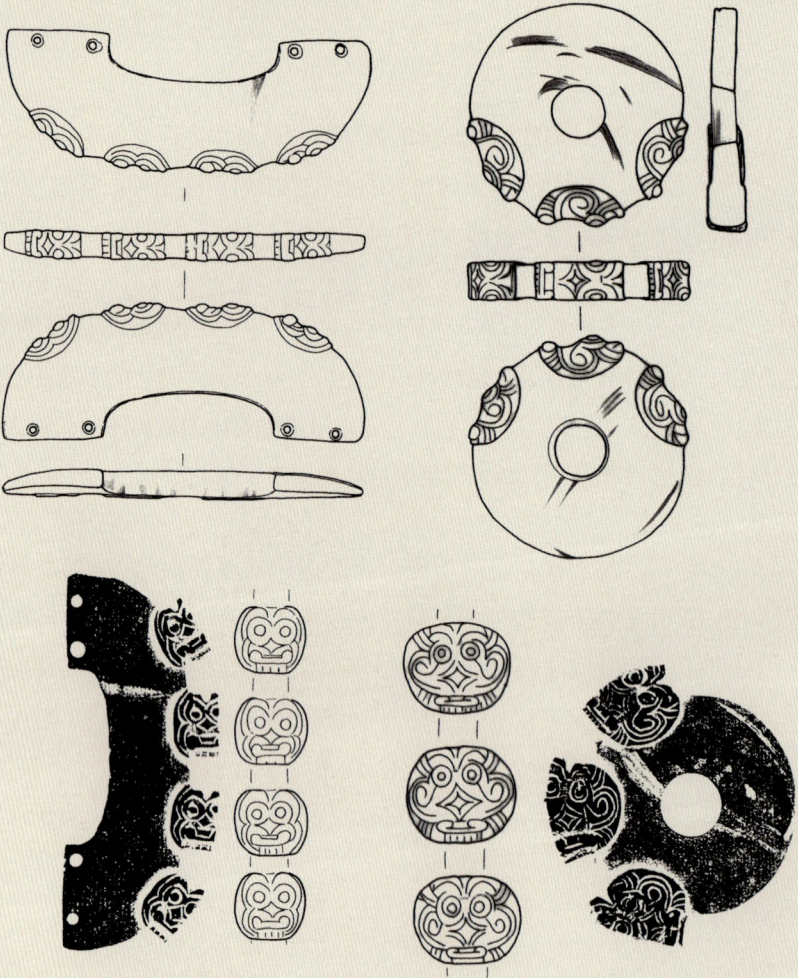

M11：94 璜

M11：59 圆牌

图 4-43　瑶山 M11：94 璜、M11：59 圆牌

瑶山 M11：64 柱形器 B 面   反山 M12：98 琮直槽上的神像局部

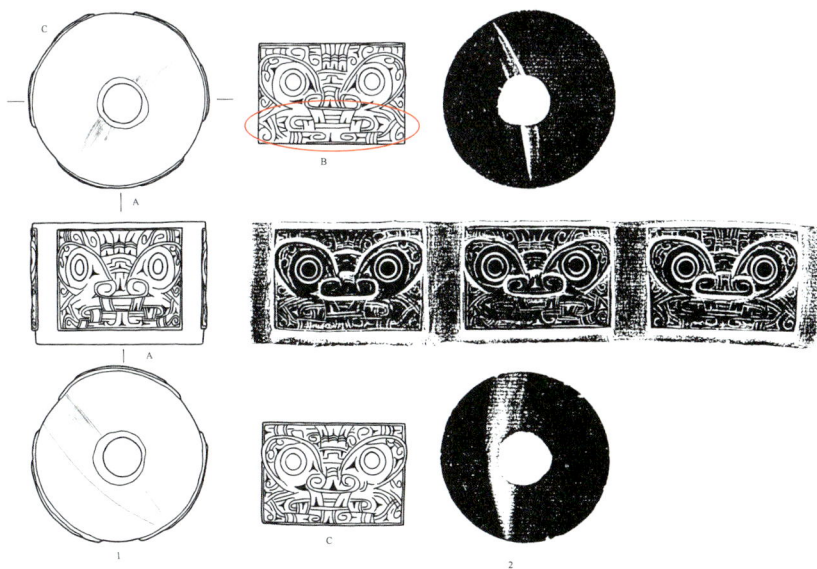

图 4-44　瑶山 M11：64 柱形器刻纹和神像的比较

图 4-45　瑶山 M11：68 绞丝镯（左）
图 4-46　战国夔龙绞丝环（右）

6. M3

M3 墓圹长 2.86 米，北端宽 1.22 米、南端宽 1.04 米，墓坑最深 0.84 米
（图 4-47）。

M3 随葬品编号 50 件（组），单件计共 107 件。其中玉器编号 45 件（组），
单件计共 102 件。石钺 1 件，陶器 4 件，为鼎（49）、豆（43）、罐（?，

图 4-47　瑶山 M3

50）、缸（45）（图 4-48）[1]。

M3 墓主头饰有冠状器（5）、三叉形器（3）、一组 5 件成组锥形器
（4-1～4-5）、一对球形隧孔珠（8-1、8-2）。

一组 5 件成组锥形器均断为多截。在冠状器、三叉形器密集出土的
区域，有一弧凸面朝上的带盖柱形器的盖体（1），外径 3.6 厘米、高 2.8
厘米。

被认为与这一盖体组合的柱体，位于 14 号环镯南侧，外径 3.5 厘米、
高 2.8 厘米，尺寸与盖体甚为吻合，但两者距离超过 60 厘米，葬具倒塌
造成的移位可能有那么大吗？

大约位于墓主右肩部位有一粗长玉管（9），相当于柱形器的功能。
在反山、瑶山男性墓中，这一部位常出土粗、长的玉管或柱形器。

玉钺（12）位于墓主身体右侧，其下还有一小石钺（13）。

....

[1]　《瑶山》第 53 页图五二 M3 平面图中，32 号是玉管，再次核对野外平面图，
1 号柱形器盖的位置画有一小圆，未作标识，瑶山整理时作为 2 号柱形器柱体，野
外平面图 2 号柱形器柱体位于 14 号环镯一侧，却误将其形状画得与玉管一样，经
比对野外照片，实为 2 号柱形器柱体。现予以修正。

北

1、2. 玉带盖柱形器

3. 玉三叉形器

4、23. 玉锥形器

5. 玉冠状器

6、7、10、11、17~22、24~28、30、
　　32~37、40、46~48. 玉管

8. 玉珠

9. 玉长管

12. 玉钺

13. 石钺

14~16. 玉镯形器

29、31、41、42. 玉管串

38、39. 小玉琮

43. 陶豆

44. 玉坠

45. 陶缸

49. 陶鼎

50. 陶圈足罐

（注：46~48 在 43、45 号陶器下）

0　　10　　20厘米

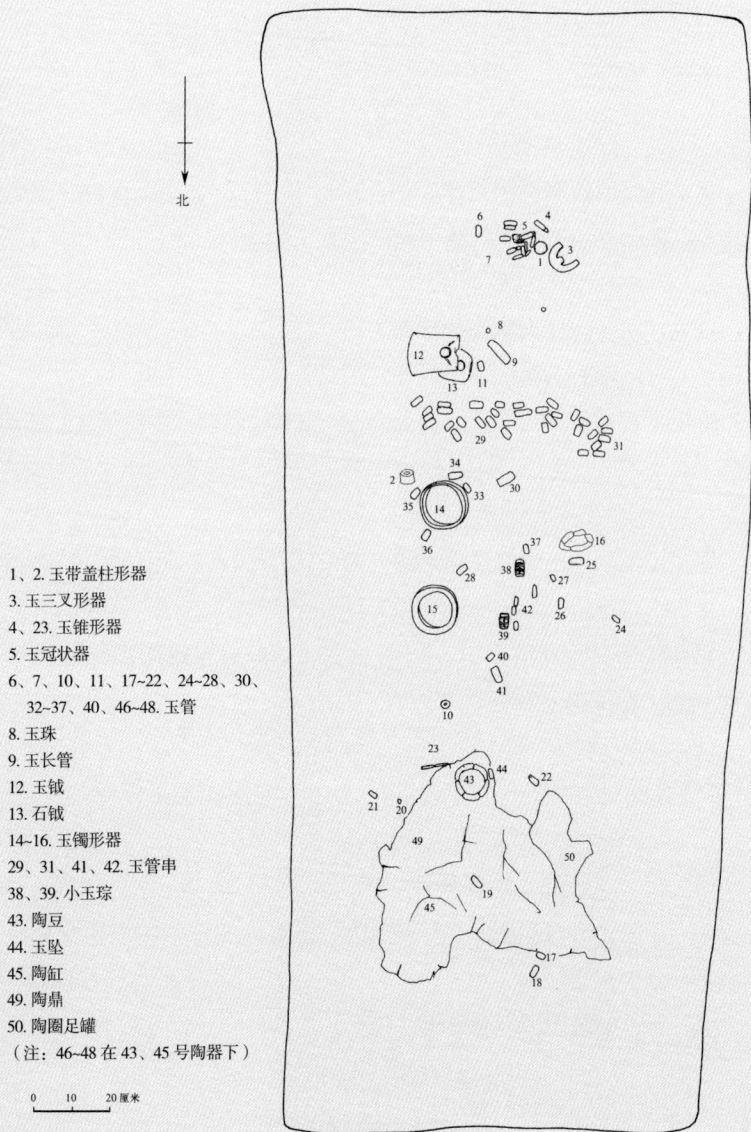

图 4-48　瑶山 M3 平面图

墓主胸腹部位有两组管串（29、31），其中29号一组23件，出土时管基本呈横向，很可能作为墓主裹尸织物上的缀件。

墓主左右各有作为腕饰的环镯（16、14、15）。

墓主下身或脚端部位有1件锥形器（23），还有1件仅长2.3厘米的小坠（44）。

墓室中部出土1对琮式管（38、39），组合关系不明。

管珠中值得关注的是11、48号玉管，彼此可以拼接，但是11号在石钺一侧，48号则在脚端随葬陶器下方出土（图4-49）。

M3葬仪复原如图4-50所示。

M3：3三叉形器正面雕琢神兽像，三叉部位雕琢放射状羽线，与瑶山M10：6三叉形器构图一致，瑶山M7：26三叉形器左右两叉则是一分为二的神人形象（图4-51）。

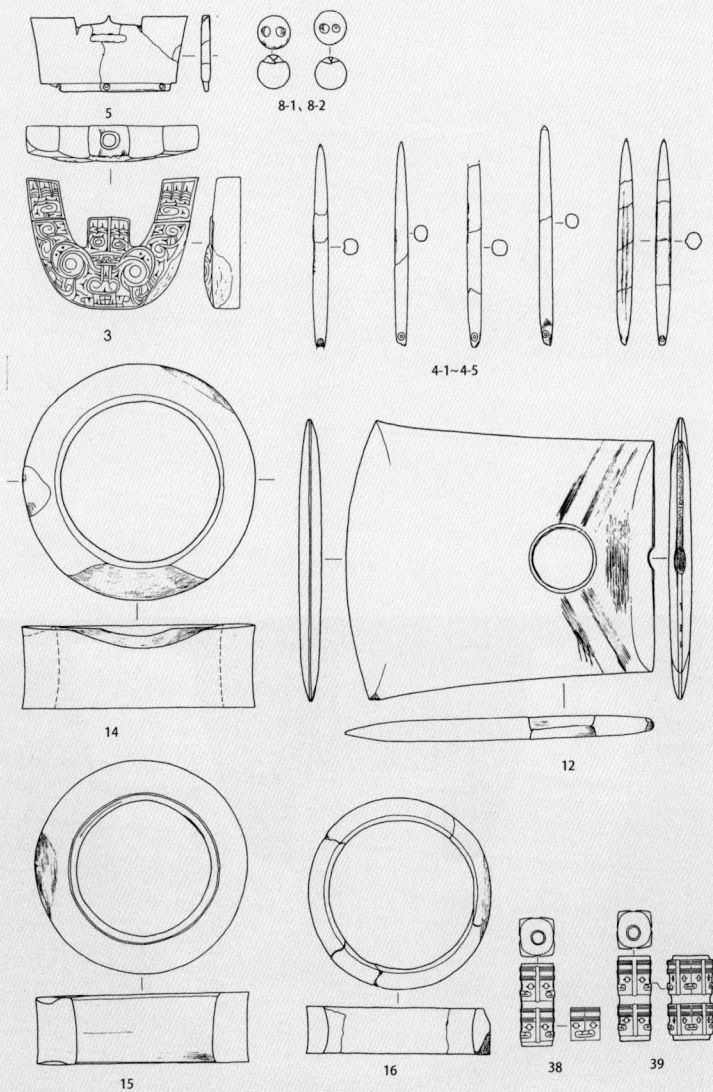

图 4-49　瑶山 M3 主要出土玉器

图 4-50　瑶山 M3 葬仪复原示意

图 4-51　瑶山 M3：3 三叉形器

7. M10

M10 墓圹长 3.35 米，宽 1.75 米，深 1.34 米（图 4-52）。

M10 随葬品编号 105 件（组），单件计共 562 件。其中玉器编号 99 件（组），单件计共 556 件。另石钺 2 件（8、13），陶器 4 件，为鼎（89）、豆（82）、罐（84）、大口缸（83）（图 4-53）[①]。

1 号柱形器、墓室北端 34 号柱形器与墓室中部 32 号柱形器，这 3 件柱形器大体等距离分布，原本都放置在棺盖上。1 号柱形器出土时高出墓底约 30 厘米。

17、90 号柱形器也位于墓室中部，但在玉钺（14）下方，38 号柱形器也被陶罐叠压，应该原本是放置在棺底。

墓室南端 65 号管串由 114 件单件组成，与瑶山 M7：1～M7：5 一样，作为棺饰。

---

① 《瑶山》第 131 页图一六一上，64 号隧孔珠标识在 29 号环镯东北一侧，经核对野外平面图，应该为 52 号圆柱形玉管。《瑶山》第 131 页图一六一的 52 号，经核对野外平面图，应位于 29 号玉镯形器一侧，64 号隧孔珠位于 19 号玉琮上。以上均修正。

图 4-52　瑶山 M10

北

1、17、23、32~34、38、90. 玉柱
形器
2. 玉带盖柱形器
3、26~31. 玉镯形器
4. 玉冠状器
5. 玉锥形器
6. 玉三叉形器
7、95、96、98、107. 玉粒
8、13. 石钺
9~12、35、50、64、94、100、
103、105. 玉珠
14. 玉钺
15、16、19. 玉琮
18、24. 玉端饰
20. 玉牌饰
21、37、53. 玉长管
22. 玉环状饰
25. 玉条形饰
36、39~41、51、52、54~60、
62、66、68、69、71、72、
74~81、85~88、91、93、101、
102、104、106. 玉管
42~45、48、99. 玉半圆形饰
46、47. 玉月牙形饰
49、61、63、65、97. 玉管串
67、70. 玉弹形饰
82. 陶豆
83. 陶缸
84. 陶圈足罐
89. 陶鼎
（ 注：69 在 84 下，70~72、
74~81、100~106 在 82 下，
85~88、91、93 在 84 下。99 在
97 下。39~41 散落于其他器物下
层。73、92 为空号）

0　10　20厘米

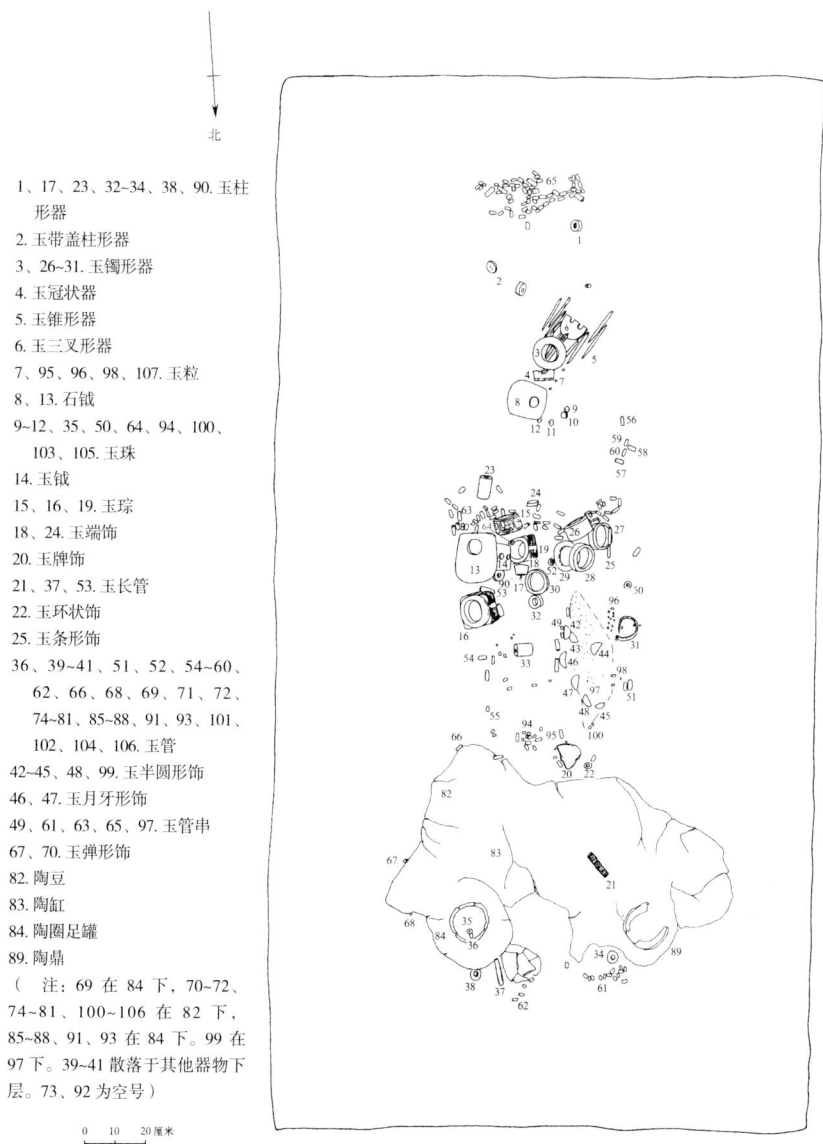

图 4-53　瑶山 M10 平面图

墓主头部有石钺1件（8），原先可能铺垫在头下，在反山、瑶山出土石钺的墓葬中，多石钺的墓葬头部位往往有一件石钺，且石钺的个体往往相对小巧。墓主头部位玉器分布在约20厘米×40厘米的范围内，有镯形器（3）、一组11件的成组锥形器（5）、三叉形器（6）、冠状器（4）和一组3颗玉粒（7）、两组一对的半球形和球形隧孔珠（9、10和11、12）。两组一对隧孔珠作为耳饰，玉粒是冠状器梳背上的镶嵌物。镯形器分别叠压冠状器和成组锥形器，成组锥形器再叠压三叉形器，这四组玉器整体组成了墓主的头饰（图4-54）。

良渚文化早期高等级墓葬中，璧环类玉器作为头饰放在墓主头骨之下较为多见，这一葬俗一方面可能受到红山文化的影响，另一方面明显是因为璧环类玉器具有象征太阳和光芒的形上意义。

棺饰和头饰之间有盖体和柱体分离的带盖柱形器（2），可能是棺饰，也可能是头饰。

63号管串由69件单件组成，如瑶山M7、反山M17一样，呈横向的扁圆形分布，位于墓主上身部位，与作为项饰的圆形分布完全不同，应该也作敛尸缚系用（图4-55）。

上身部位作为臂饰的镯形器分布较为散乱，26～29号4件镯形器可能作为右臂饰，15号琮式镯、19号琮、30号镯形器可能作为左臂饰。

图 4-54　瑶山 M10 头饰玉器出土状况

图 4-55　瑶山 M10 : 63 管串出土细部

16 号琮体形相对较大，可能原本置于墓主左腕部。

25 号条形饰长 10.1 厘米，横截面呈椭圆形，两端各有一个凸起。反山 M17:40 条形器通长 10 厘米，两端雕琢呈扁祖（祖，男性生殖器）样。两者极为一致。

图 4-56　瑶山 M10 墓室中部出土玉器局部

13 号石钺叠压 14 号玉钺，玉钺没有发现柲的残痕，估计有较大的移位。

M10 出土端饰 2 件：24 号为贯孔端饰，但是顶面另外用一圆片填补，卯孔朝北，杖体应该在北部。18 号为卯孔端饰，卯孔也朝北。这两件端饰不存在组合关系（图 4-56）。

图 4-57　瑶山 M10 月牙形饰等出土细部

31 号镯形器外径 10.1 厘米，与 M7：41 镯形器一样，可能也是作为器座，而且在这一部位，也纵向密集分布了管珠和 6 件半圆形饰（42 ～ 45、48、99）、2 件月牙形饰（46、47），以及镶嵌玉粒（95、96、98）。更具可比性的是这一组器物的下方，还有一件外郭与 M7：55 牌饰形制接近的神人兽面像牌饰，而且也是弧凸部朝南（图 4-57）。

M10 还出土了 23、33 号柱形器，以及 67、70 号一组 2 件的弹形端饰（图 4-58）。

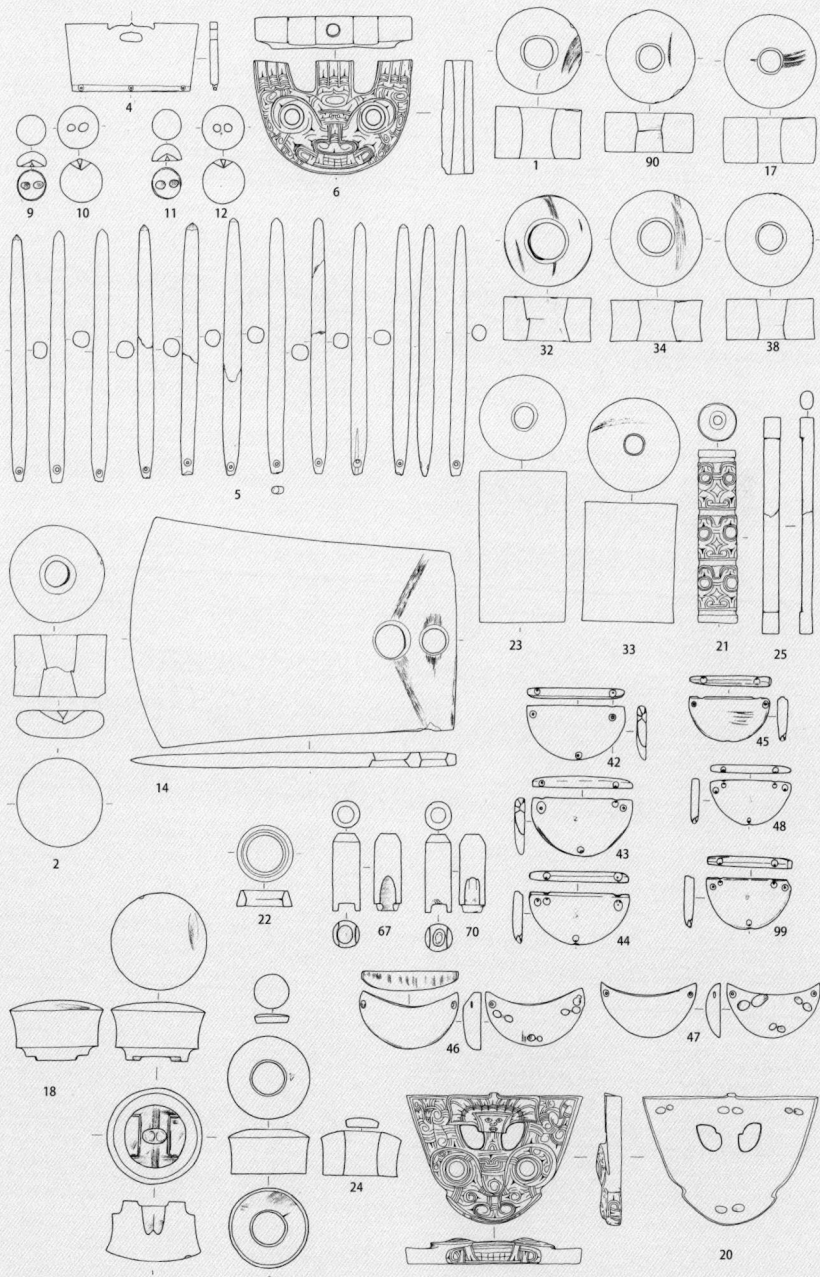

4

9 10 11 12 6

1 90 17

32 34 38

5

23 33 21 25

14

2

42 45

43 48

22 44 99

67 70

46 47

18

24 20

(a)

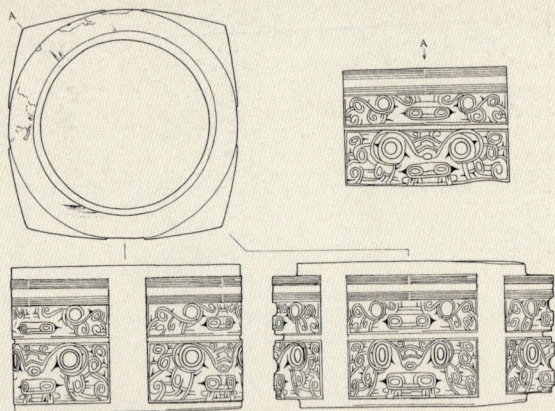

19

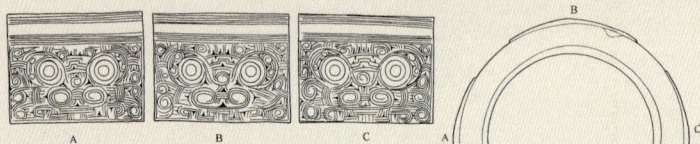

A   B   C

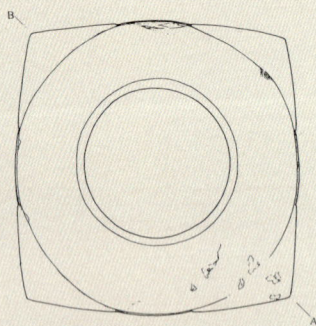

15

B

16

A
（展开）

（b）

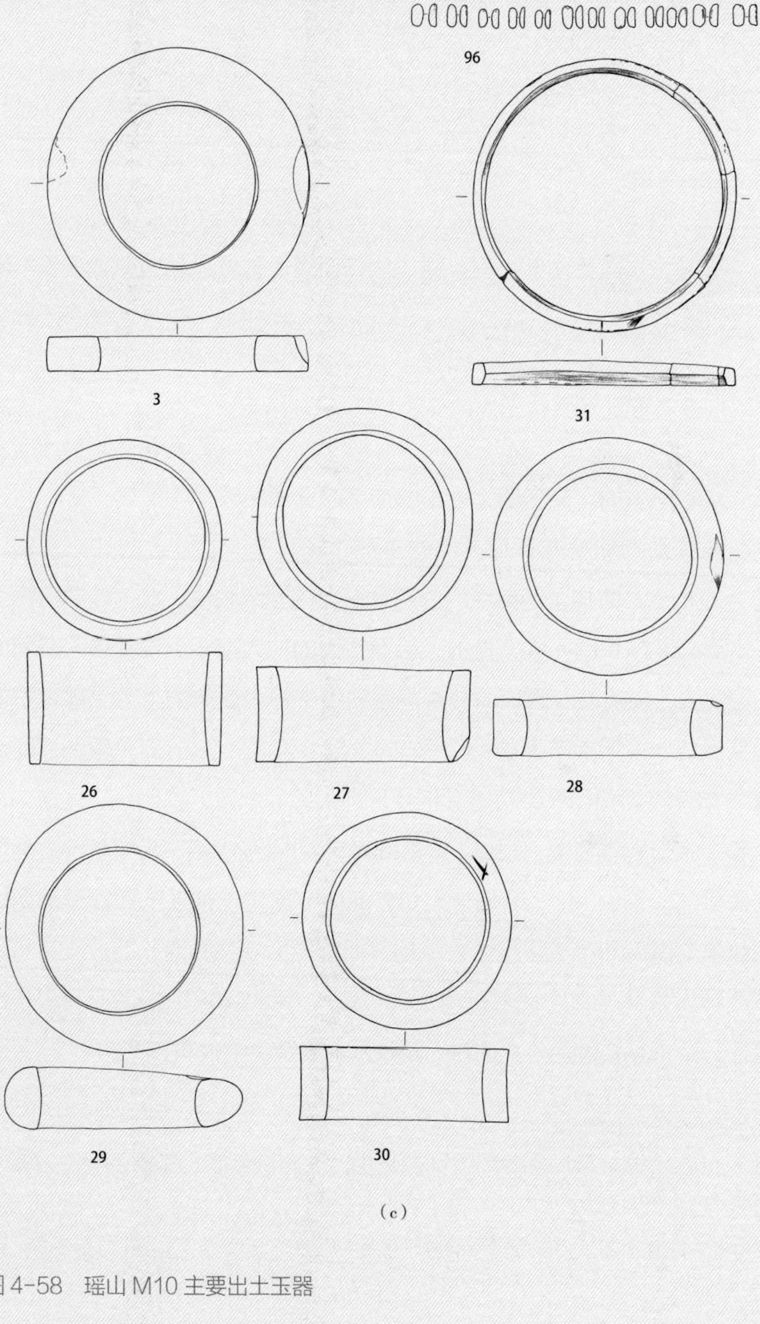

图 4-58　瑶山 M10 主要出土玉器

墓室北端随葬陶鼎、豆、罐、大口缸各1件，龙首纹长管（21）位于大口缸之上。

M10 主要随葬品在棺内的葬仪如图 4-59 所示。

M10 出土的三叉形器、琮、牌饰等雕琢的图纹非常重要，M10 也是瑶山镯式圆琮和矮方体琮共出的墓葬。尤其是 M10：15 圆琮，与瑶山 M9：4 相比，添加了两组弦纹。琮节面上的两组弦纹，成为琮节面图纹基本和必要的构图元素，是神人兽面节面的神人部分、单独神人节面的必要元素。M10：15 圆琮的神人节面图纹中神人鼻梁的上方也雕琢了放射状羽线，说明琮节面的两组弦纹，并非介字形羽冠的简单象征。瑶山 M12-2789 琮两组弦纹部位雕琢倒梯形神人脸和羽冠，说明这一区域与神人和介字形冠帽有关。M10：16 琮是单节的矮方体琮，两组弦纹之间填刻绞索纹。瑶山 M2：22 是神人和兽面两节面琮，神人节面部分的两组弦纹填刻螺旋和小尖喙组合。从琮节面的侧面观察，这一部位极有可能就是神人兽面像介字形羽冠内层的"帽"，反山简报中把羽冠和内层的帽区分开来是合理的 [①]，这对于复原墓主复杂头饰很有帮助。

[①]　"头上所戴，外层是高耸宽大的冠，冠上刻十余组单线和双线组合的放射状羽毛，可称为羽冠；内层为帽，刻十余组紧密的卷云纹。"浙江省文物考古研究所反山考古队：《浙江余杭反山良渚墓地发掘简报》，《文物》1988 年第 1 期，第 12 页。

图 4-59　瑶山 M10 葬仪示意

图 4-60　瑶山 M10：15、16、19 琮

　　M10：15 圆琮图纹设计时，为什么神人形象仅是大眼兽面的上面一步到位添加了两组弦纹呢？这极有可能是在琮的设计阶段，良渚社会高层设计师对于完整神人兽面像和单独兽面像在琮节面上的表述还未完全

图 4-61　瑶山 M10 : 20 牌饰

达成共识。我们可以注意到，瑶山、反山之后，也就是良渚文化早期以后，琮节面上仅表现大眼的神兽像就不见了，这个现象在瑶山 M7 刻纹玉器上表现得更明显（图 4-60）。

M10 : 20 牌饰（图 4-61）出土于墓室北端，也就是墓主下身部位。

在瑶山简报中，M10:20、M9:68、M7:55 牌饰 3 件玉器出土位置相同，平面均呈倒立三角形，所以均归入牌饰类。M10:20 牌饰出土时背面朝上，弧面朝向墓主。M9:68 牌饰侧转，原来状态不明。M7:55 牌饰应该保持了原样，弧形部位朝向墓主。作为墓主服饰缝缀玉件的 M10:20 牌饰，雕琢阔嘴獠牙的弧形部位很可能朝向墓主，是一个以墓主为中心的视角。

8. M9

M9 墓口长 4 米，北宽 1.95 米、南宽 2.20 米，墓口至墓底 1.30 米（图 4-62）。

M9 随葬品编号 82 件（组），单件计共 268 件。其中玉器编号 76 件（组），单件计共 262 件。其他还有石钺 1 件（13）、嵌玉漆觚 1 件（78）、陶器 4 件，为鼎（79）、豆（80）、罐（81）、大口缸（82）（图 4-63）。

M9 墓室南端有一组横亘的管串（77），是葬具头端部位的棺饰。这组管串由 56 件玉管组成，长短不一，但有 3 件明显较粗长，出土时分别位于串饰的中部和西端，结合瑶山 M7 相同部位的棺饰，可知是有意的配置。

凌家滩墓地高等级墓葬中就已开始形成复杂的棺饰，墓室两端多有由多件璧环、玦等玉器组合而成的棺饰，它们可能作为串系组合放在墓

图 4-62　瑶山 M9

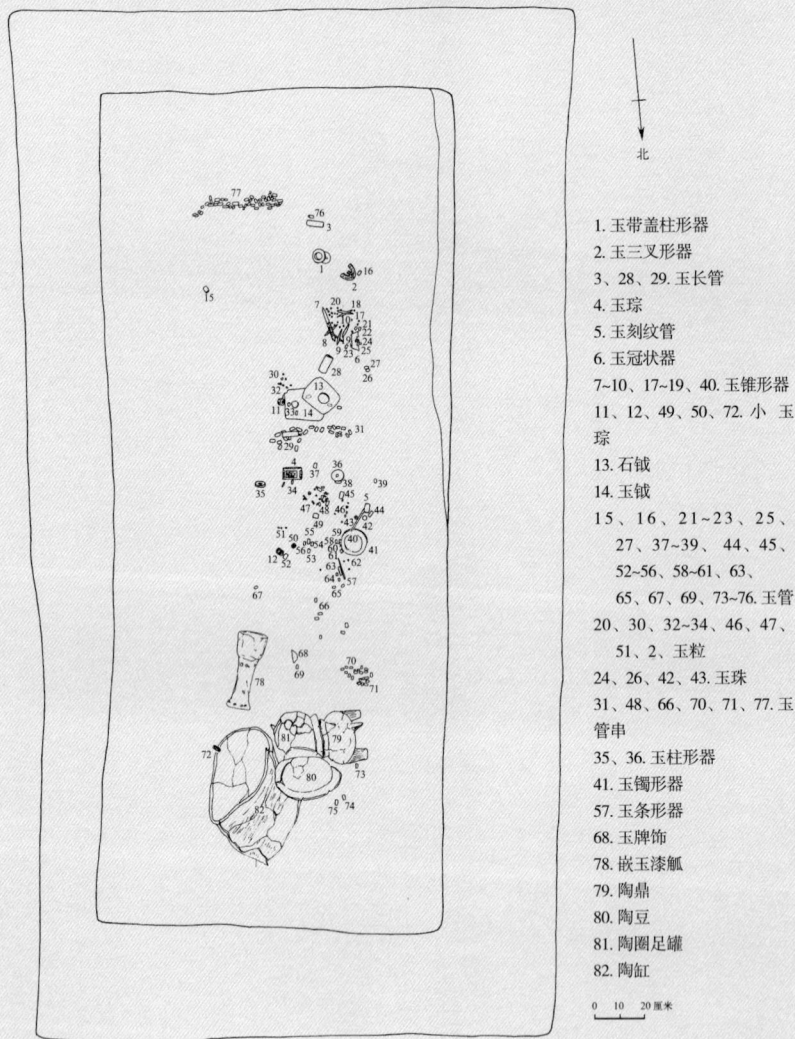

北

1. 玉带盖柱形器
2. 玉三叉形器
3、28、29. 玉长管
4. 玉琮
5. 玉刻纹管
6. 玉冠状器
7~10、17~19、40. 玉锥形器
11、12、49、50、72. 小 玉琮
13. 石钺
14. 玉钺
15、16、21~23、25、27、37~39、44、45、52~56、58~61、63、65、67、69、73~76. 玉管
20、30、32~34、46、47、51、2、玉粒
24、26、42、43. 玉珠
31、48、66、70、71、77. 玉管串
35、36. 玉柱形器
41. 玉镯形器
57. 玉条形器
68. 玉牌饰
78. 嵌玉漆觚
79. 陶鼎
80. 陶豆
81. 陶圈足罐
82. 陶缸

0 10 20 厘米

图 4-63 瑶山 M9 平面图

图 4-64　瑶山 M9 冠状器等出土细节

室的两端，也可能有其他的载体。

　　墓主头饰有冠状器（6）、三叉形器（2）、一组 7 件锥形器（7～10、17～19）、一对隧孔珠（24、26）。成组锥形器中有 4 件采用琮式雕琢。三叉形器下方有一小玉管（16），与三叉形器中叉组装的玉管应该是相距约 20 厘米的 3 号玉长管。冠状器出土部位有 20 号玉粒，共 20 件。海盐周家浜明确冠状器是梳背上的镶插玉件后，就可知这些玉粒是梳背上的粘贴件（图 4-64）。

图 4-65　瑶山 M9 带盖柱形器等出土细部

　　三叉形器和组装玉管之间出土带盖柱形器（1），柱体在盖体之上，柱体图纹正置（图 4-65）。

　　28 号是一件长 6.8 厘米、外径 3.3 厘米的粗长玉管，大体出土在墓主肩部位，这一区域常有柱形器、粗长玉管放置。

　　玉钺（14）刃部朝西，其上叠压 1 件石钺（13），玉钺东侧有 1 件琮式管（11），往北 58 厘米处还有同样形制的琮式管（12），与瑶山 M7 玉钺出土情况相同，应该是玉钺杖的饰物，起到缚扎打结的作用。在 11、12 号琮式管的直线范围内，南北向分布着 5 件长玉粒（32、33、34），应该是玉钺柄上的粘贴物。唯一在玉钺顶端部位的 30 号玉粒，以及位于玉钺柄下部的 51 号玉粒，极可能也是玉钺柄上的粘贴物（图 4-66）。

　　墓主胸腹部位出土一组横亘的管串（31），共 39 件玉管，应该也是

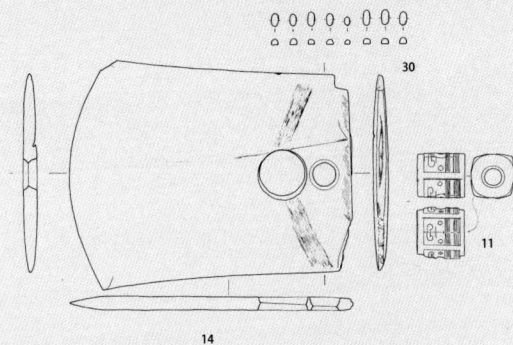

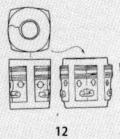

图 4-66 瑶山 M9 玉钺杖的组合

裹尸或胸部位的串缝玉件。

　　41 号镯、4 号琮分别作为左右臂串。41 号镯内径 6.4 厘米。4 号琮内径 6.3 厘米，图纹朝向南，出土时侧置，在墓室的纵向位置上应该没有移动。35、36 号柱形器位于这一部位的两侧，可能是起到"镇"的作用（图 4-67）。

　　40 号锥形器叠压 41 号镯，与多座墓葬出土的情况相同，锥形器也断为多截，经野外照片辨识，可知锥尖朝南。57 号定名为条形器，但更像是一件锥形器的半成品（图 4-68）。

　　墓主下肢部位有一呈三角形的牌饰（68），是一块利用玉皮再加工而成的缝缀玉件，但出土的位置与瑶山 M10 : 20 牌饰相同，外形也颇为接近，缝缀后起到一样的效果。墓主下肢左侧有两组分布集中的管串（70、71），共 22 件，性质不明，不排除仅作为管串随葬的可能。

　　M9 除了玉钺杖上的 2 件琮式管，还有 3 件（49、50、72），49 号琮式管被切割过，50 号琮式管两节面刻划神人脸庞，72 号琮式管为三节弦纹，出土时压倾侧的大口缸口沿，原因不明。瑶山 M9 : 4 琮为镯式圆琮，5 件琮式管的形制却与矮体方琮完全相同，节面刻纹也颇为成熟，说明从良渚文化一开始，琮的设计和基本要素就一步到位了。5 号龙首纹管位于墓主左上肢侧。

图 4-67　瑶山 M9 琮和柱形器出土细部

　　墓主下肢右侧随葬嵌玉漆觚（78），收录于《中国漆器全集》，原先定为"杯"，"在杯体与圈足的结合部及近底处的外壁，各镶嵌一面弧凸、一面平整的椭圆形玉珠一周，使红色的漆膜和白玉交相辉映。这是我国

图 4-68　瑶山 M9 墓主右腕部位出土玉器细部

已知最早的嵌玉漆器"[1]。良渚古城卞家山遗址发掘出土木胎髹漆觚实体后，大家认识到这类漆器均为漆觚（图 4-69）。

M9 墓室中部还有集中出土的 46、47 号玉粒，器型不明。

---

① 中国漆器全集编辑委员会编：《中国漆器全集（第 1 卷·先秦）》，福建美术出版社，1997 年，第 6 页。

图 4-69 瑶山 M9：78 嵌玉漆觚

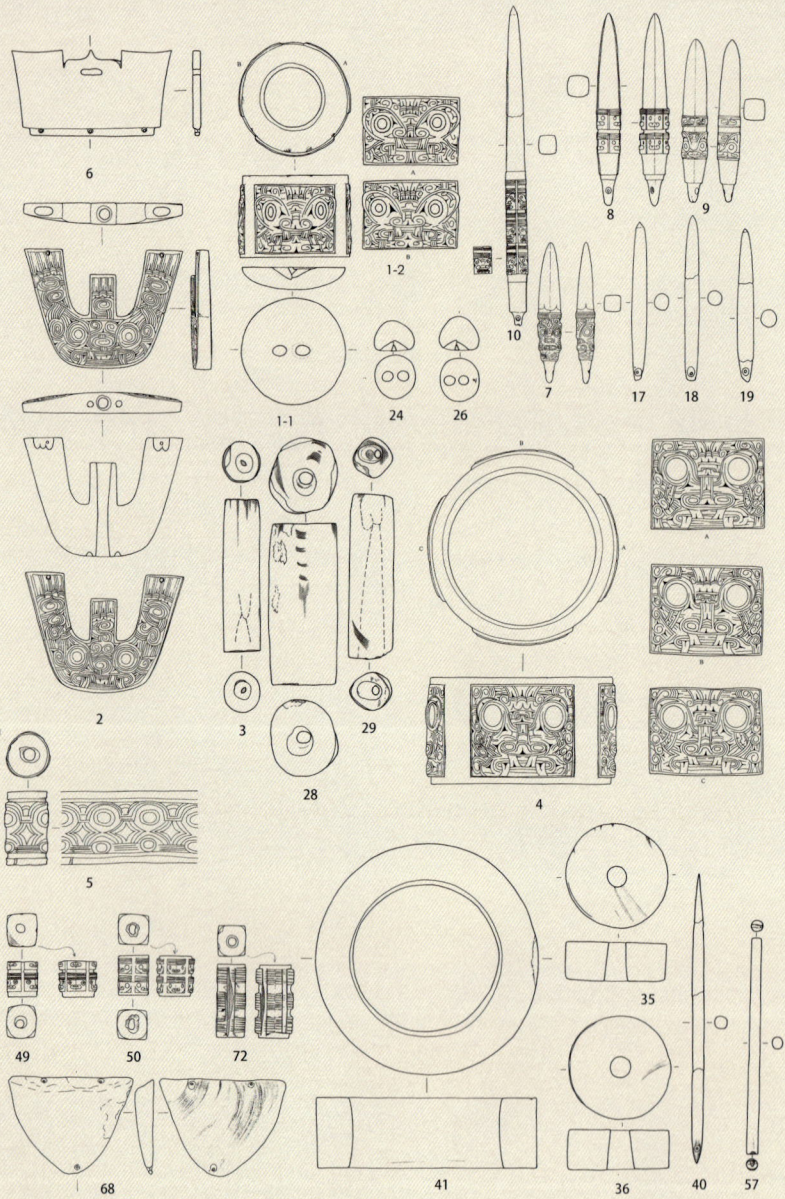

图 4-70　瑶山 M9 主要出土玉器

除玉钺杖外，M9 主要出土玉器如图 4-70 所示。

M9 葬仪复原如图 4-71 所示。

M9 是瑶山出土刻纹玉器数量最丰富的墓葬之一。M9∶4 圆琮上的神兽纹，大眼斜下侧为"泪腺"刻划，阔嘴獠牙两侧可能象征着神兽的下肢。神兽有两种蹲伏姿势，一种如完整的神人兽面像上所见，两趾爪相拢蹲伏，还有一种如反山 M16∶4 冠状器上的神兽，是支撑的蹲伏状，这类姿势极为少见，但同样的姿势却出现在张家港东山村崧泽文化晚期墓葬的陶豆镂空上 [①]，值得进一步关注（图 4-72）。

一组 7 件锥形器中有 3 件为琮式，也是目前唯一所见。其中 10 号锥形器雕琢的神兽节面纹样,除了眼鼻,还有阔嘴獠牙,细节非常到位（图 4-73 和图 4-74）。

[①] 南京博物院、张家港市文管办、张家港博物馆：《东山村：新石器时代遗址发掘报告》，文物出版社，2016 年，图版 5-3-196。

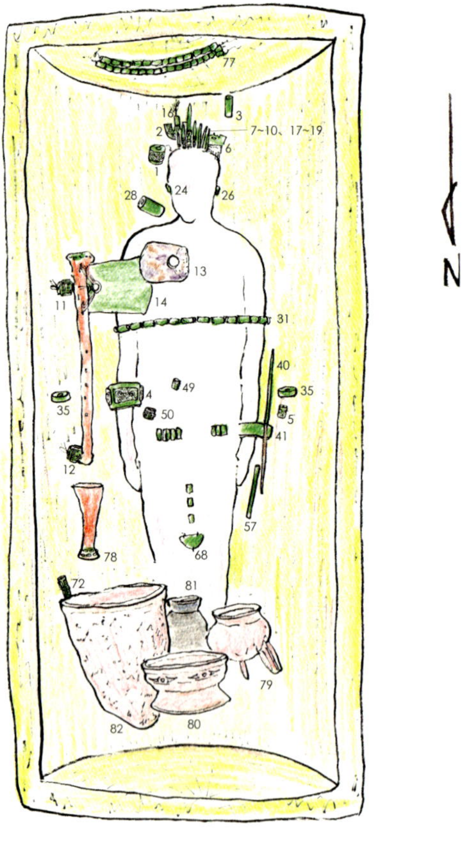

图 4-71　瑶山 M9 葬仪复原示意

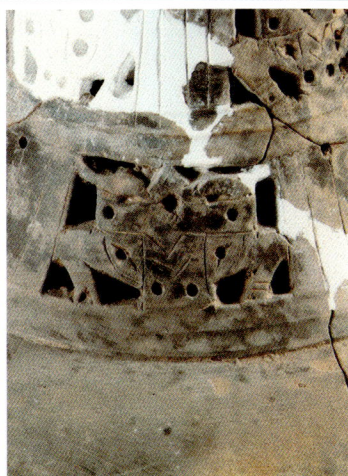

张家港东山村崧泽文化M94：4豆上的神兽

图4-72　瑶山 M9：4 圆琮刻纹的解读

图 4-73　瑶山 M9 一组 7 件成组锥形器

图 4-74　10 号锥形器细部

二　以 M7 为代表的核心墓区埋设的第二阶段

这一组仅 M7 一座墓葬，其是南列中仅次于 M12 的高等级墓葬，与以 M12 为核心的第三阶段关系密切。

M7 墓圹长 3.2 米，宽 1.6 米，墓坑深 0.64 ～ 1.3 米（图 4-75）。

M7 随葬品编号 158 件（组），单件计共 679 件。其中玉器编号 147 件（组），单件计共 667 件。另有嵌玉圆形漆器 1 件（155），石钺 3 件（76、83、157），陶器 4 件，为鼎（156）、豆（160）、罐（159）、大口缸（158），还有 4 枚鲨鱼牙齿（137 ～ 140）（图 4-76）[①]。

一组 3 件镯形器等距离置于棺盖上，从南到北分别为 6、57、58 号。

墓室南端有作为棺饰的 1 ～ 5 号管串，其中 1、2 号和 3、4 号各 1 件玉管，成对置于 5 号（共 29 件玉管）的两侧，1 ～ 4 号玉管长 3.7 ～ 4 厘米，明显长于 5 号（29 件玉管）的 0.9 ～ 1.6 厘米。墓室两端，尤其是头向的一端，以同一或不同种类玉器的组合作为棺饰，始于凌家滩墓地。瑶山 M7 墓室南端的棺饰，两端各以一对长玉管串系短玉管串。

---

① 鲨鱼牙也可以作为钻头使用。参见 [英] 史蒂夫 · 帕克，李虎译：《DK 医学史》，中信出版社，2019 年，第 20 页。

图 4-75 瑶山 M7

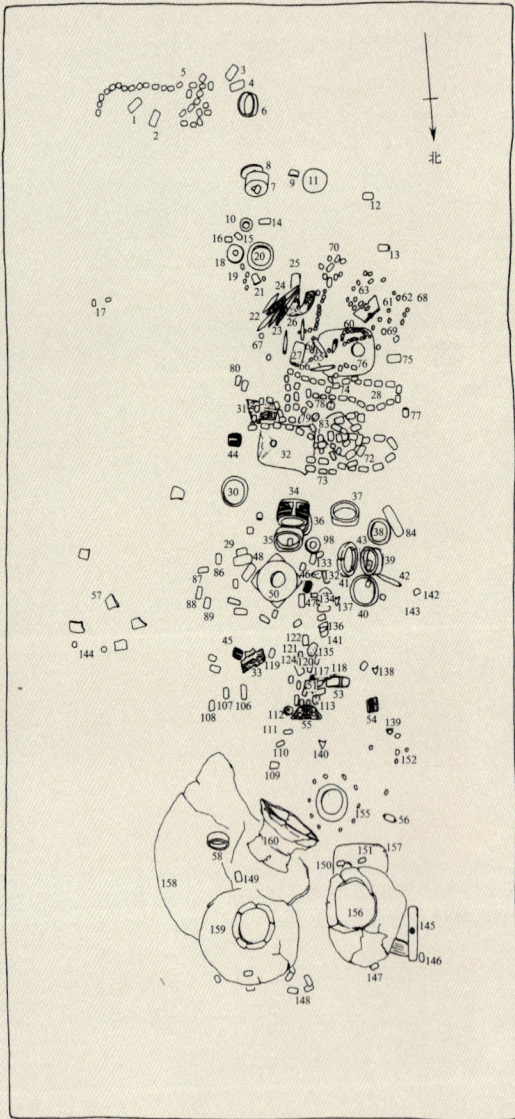

1~4、7、9、10、12~16、21、48、
75、77、85~92、94~97、99、100、
103、105~111、117~131、142、
146、149、151、161. 玉管

5、28、70、72、73、80~82、102、
104、114~116、132、141、148. 玉管串

6、20、30、35~41、57、58. 玉镯形器

8. 玉带盖柱形器

11. 玉饼状饰

17、19、143、144、152. 玉粒

18、29. 玉端饰

22~24、42. 玉锥形器

25、84、145. 玉长管

26. 玉三叉形器

27、98. 玉柱形器.

31. 玉钺冠饰

32. 玉钺

33. 玉钺端饰

34、50. 玉琮

43~47、49、51、52、54、147. 小玉琮

53. 玉带钩

55. 玉牌饰

56. 玉坠

59、62、64~68、74、78、79、93、
112、113、150. 玉珠

60、61、69、136. 玉珠串

63. 玉冠状器及玉粒

76、83、157. 石钺

101、133~135. 玉半圆形饰

137~140. 动物牙

155. 嵌玉漆器

156. 陶鼎

158. 陶缸

159. 陶圈足罐

160. 陶豆

（注：49 在 48 下，52 在 51 下，81、8 在
31 下，101、102 在 50 下，161 在 158 下。
59、85、90~97、99、100、103~105、
114~116、123、125~131 均为散乱管珠，散布
在其他器物之下。71、153、154 为空号）

图 4-76　瑶山 M7 平面图

　　除了瑶山北列等级最高的 M11，只有良渚古城核心区和周边高等级男性墓中才会出土带盖柱形器，而瑶山 M7 也有出土。M7 带盖柱形器往南顺置，盖体位于柱体下方（8-1、8-2）。

　　墓主头饰有成组锥形器一组 10 件（22、23、24-1～24-8），成组锥形器在良渚古城为中心的区域和周边，多为单数，该墓为偶数，可能与22、23 号均为琮式锥形器有关。成组锥形器下方是中叉配置长玉管（25）的三叉形器（26）。三叉形器西侧为镶嵌 26 颗小玉粒的冠状器（63），冠状器的下方为一串由 18 颗玉珠组成的珠串（60），围径较小，可能用作束发（图 4-77）。

　　三叉形器和冠状器之间还有一组管串（70）和珠串（69）的组合，尤其是 70 号管串，出土时 4 件短玉管与 1 件长玉管组合，而另外 1 件长玉管又位于下方的珠串中，可能是墓主的特别的项饰。海盐龙潭港M26:18 玉管，一端钻有三个小孔，聚成后与另一端单面钻孔贯通[1]，可见有类似的串系方式（图 4-78）。

　　M7 出土隧孔珠 5 件，其中 150 号位于脚端陶器位置，78、79 号和

---

① 浙江省文物考古研究所、海盐县博物馆：《浙江海盐县龙潭港良渚文化墓地》，《考古》2001 年第 10 期，第 38 页。

图 4-77　瑶山 M7 冠状器梳背散落的镶嵌玉粒和可能用作束发的小围径珠串

图 4-78 瑶山 M7：70 管串的串系形式

112、113 号分别成对位于墓主上身和 55 号镂孔牌饰部位。78、79 号球形隧孔珠原先应该是墓主的耳饰，可能是骨骸移位后下滑到颈胸部位。112、113 号这一对半球形隧孔珠出现在那个部位的原因不明。

成组锥形器和三叉形器的上方是 20 号镯形器，应该与瑶山 M10 叠压成组锥形器、三叉形器和冠状器的 3 号镯形器一样，原先可能作为墓主的额饰。牛河梁 N2Z1M1，墓主左颅骨顶出土 1 件有系孔大玉环，外径 12 厘米、内径 9 厘米[1]，可以参考。

9、10 号是一对外壁内凹、形制特别的玉管，长 1.35～1.6 厘米、外径 2.95～3 厘米、孔径 1.8～2 厘米，可能起到特别的作用，也可能是复杂玉头饰的一部分。

76 号石钺，根据出土位置以及其他墓例判断，应该原先是放置在墓主的头下。

28 号管串共有 114 个单件，72 号管串由 2 件单管和 14 件半圆管组成，半圆管为凹槽状，形如圆管中间一剖为二，四角各有缝系小孔，侧面说明一些玉管也可以作为缝系玉件使用。72 号管串叠压 78 号球形隧孔珠

---

① 辽宁省文物考古研究所：《牛河梁：红山文化遗址发掘报告（1983—2003 年度）》，文物出版社，2012 年，第 78 页。

和玉钺等，玉管形制较为一致，彼此之间保持着串系的原貌。借助野外照片的局部可以发现，这组管串既叠压 83 号石钺，局部也为 83 号石钺所压，28 号管串以平均长 1.4～1.5 厘米计，长度超过 1.5 米。如果说 28 号管串只是随葬时放置在墓主的身上，那么很难解释 83 号石钺夹在其中，依据现在的出土状况更难判定是作为墓主的项饰，最合适的解释是 28 号管串作为敛尸的缚系，83 号石钺应该不会铺设在墓主身下，而是直接放在墓主身上后一起敛尸，最后用 28 号管串缚系（图 4-79）。

同样的情况，也见于反山 M17，反山 M17 : 26 串饰呈横向的扁圆串状位于墓主上身部位，叠压 M17 : 22 玉钺杖的髹漆柲，但是却为 M17 : 23 石钺所压，两墓出土状况完全一致。

M7 玉钺杖完整，基本保存原样，钺柄通长约 80 厘米，除了玉钺瑁（31）和镦（33），还有 44、45 号小琮各与瑁镦组合。28 号管串完全叠压了玉钺本体，说明原先玉钺杖可能放置在墓主左侧身下（图 4-80）。

玉钺杖的东侧还有一件卯孔朝南的端饰（29），形制与反山 M12 豪华权杖端饰基本一致，底部也有一个贯通卯孔的孔，是用于垂挂他物还是如何，不明，报告认为 18 号端饰可能与之配伍，两者间距约 90 厘米。

M7 是瑶山镯形器出土数量最多的墓葬，总 12 件，3 件放置在葬具上（6、57、58），1 件作为额饰（20），墓主左臂 37～40 号 4 件作为左

图 4-79　瑶山 M7 用于敛尸缚系的 28、72 号管串出土状况

图 4-80　瑶山 M7 玉钺杖出土状况

图 4-81　瑶山 M7 作为臂饰的镯形器出土状况

臂穿较为明确，右臂的 30、36、35 号 3 件应该作为墓主的右臂穿，34 号玉琮也可能作为右臂穿。但是 41 号镯形器可能不作为臂穿，出土位置也不在左右臂部位。41 号镯形器置于 55 号牌饰之间，纵向分布着密集的管珠，包括纵向分布的 101、133～135 号 4 件半圆形饰。41 号镯形器出土时斜侧，外径 10.1 厘米、孔径 8.8 厘米，明显大于作为臂饰的镯形器 6 厘米左右的孔径，极可能是作为器座使用（图 4-81）。

位于墓主上肢部位的单件锥形器，往往位于手腕部位一侧，42 号琮式锥形器即如此。对应的位于墓主右侧部位的 50 号琮，应该原先就位于墓主手腕部位。

M7 是瑶山唯一出土带钩的墓例，53 号带钩出土时钩体朝上，局部还被管珠叠压。从墓室位置看，带钩的位置大体在墓主下肢部位，与后世作为腰带的带钩不同（图 4-82）。

M7 墓室北端出土了嵌玉圆形漆器（155），这类嵌玉器中心镶嵌圆形或环璧形玉器，周边再等分有规律地镶嵌玉粒，见于反山 M12、M22。墓室南端 11 号玉饼状饰，外径 5.5 厘米，估计也是嵌玉圆形漆器的部件（图 4-83）。

墓室北端陶器 4 件，为鼎（156）、豆（160）、罐（159）、大口缸（158）。叠压鼎足的还有 1 件中间有横向穿孔的长玉管（145）。在瑶山多例墓葬中，墓室北部陶器上方多见长玉管和其他玉器，如果陶器放置后不另外架设隔板之类的设施，这些玉器就只能放在棺盖上，值得今后关注。

M7 还出土了柱形器 2 件、小琮等其他玉器（图 4-84）。

M7 主要随葬品在棺内的葬仪如图 4-85 所示。

图 4-82　瑶山 M7 带钩部
位的出土玉器（上）
图 4-83　瑶山 M7：155 嵌
玉圆形漆器出土状况（下）

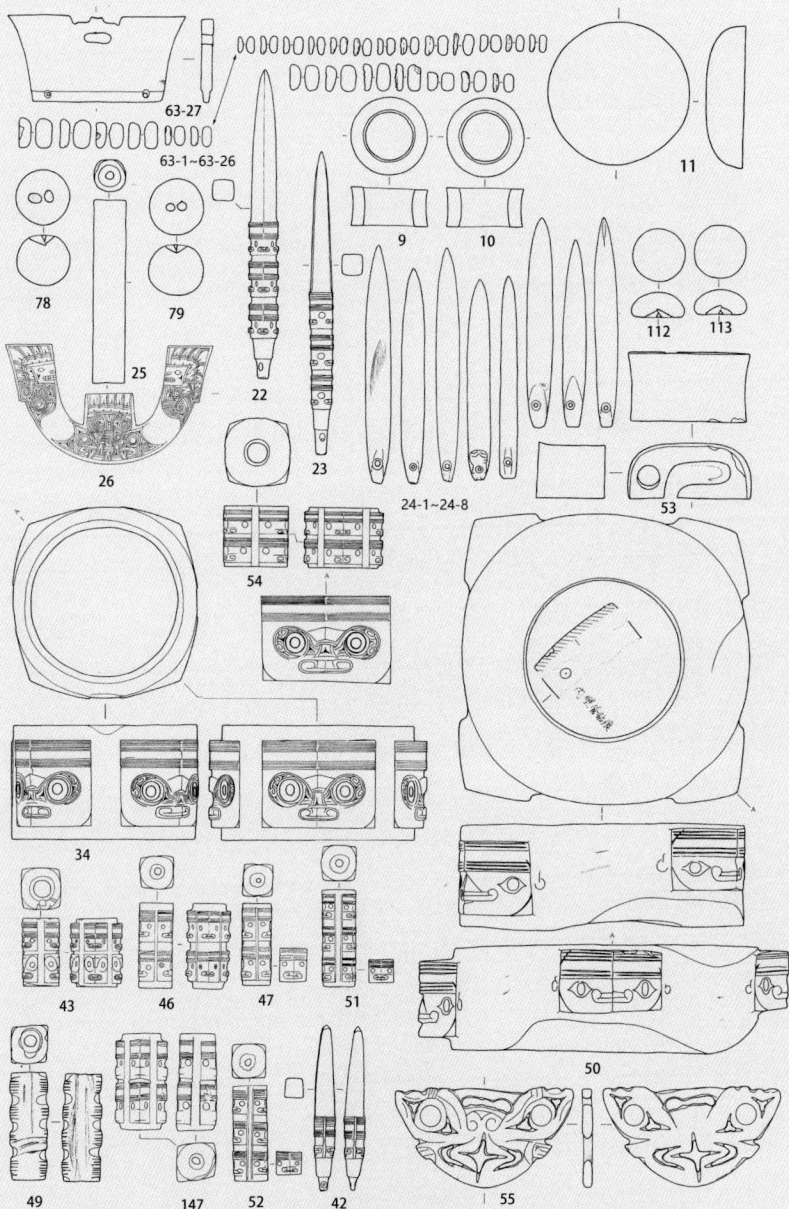

63-27

63-1~63-26

78

79

25

26

22

23

24-1~24-8

9

10

11

112

113

53

54

34

43

46

47

51

49

147

52

42

50

55

（a）

(b)

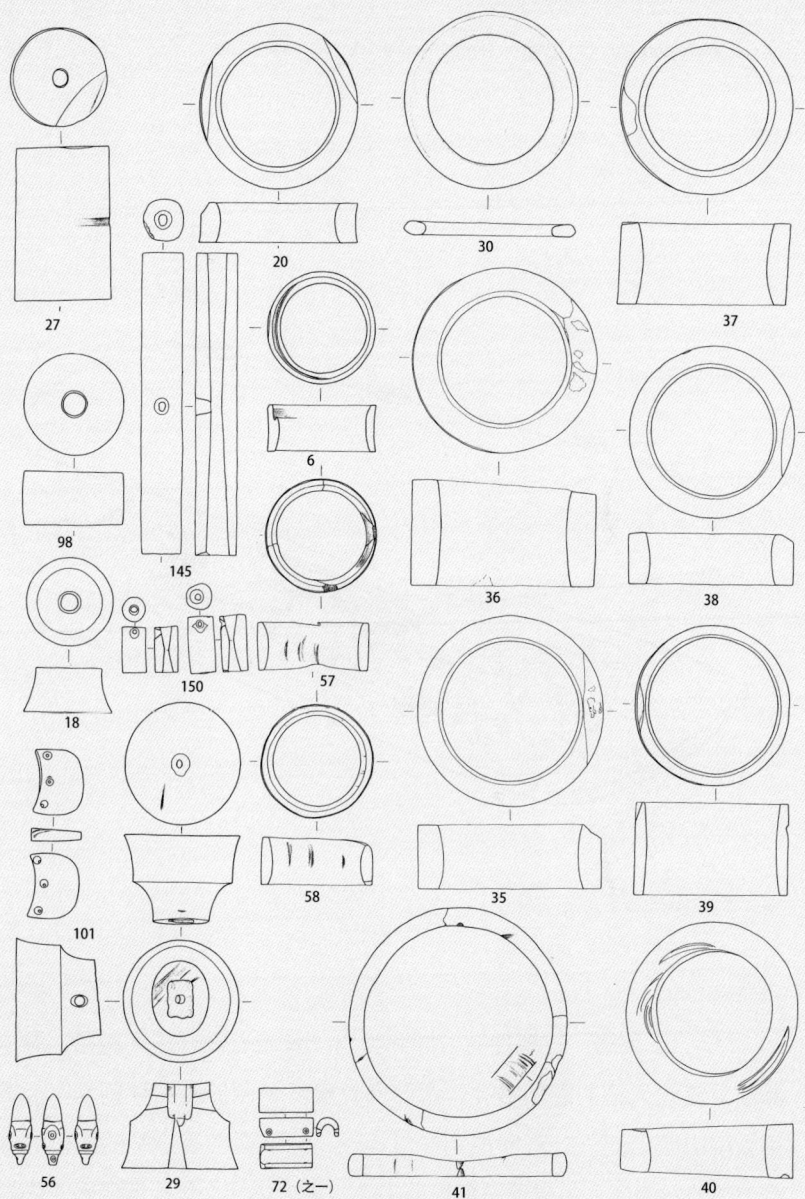

27
20
30
37
6
98
145
36
38
150
57
18
58
35
39
101
29
56
72 (之一)
41
40

(c)

图 4-84　瑶山 M7 主要出土玉器

图 4-85　瑶山 M7 葬仪示意

　　M7：55 牌饰，造型独特，圆和弧边三角组合纹样的大眼睛，鼻梁部位龙首纹风格的菱形镂孔，圆弧凸外廓及两侧的趾爪样刻划，与苏州张陵山西山的玉蛙形器形制非常接近。琮节面神人小眼的两侧和神兽大眼的斜两侧，多雕琢三角形的尖喙，源自崧泽文化晚期滥觞于陶器上的圆和弧边三角组合纹样。瑶山 M7：50 琮节面神人眼有别于其他小眼，两侧的尖喙雕琢得非常夸张，同样的眼睛也见于反山 M16：8 琮。

这类眼睛虽然属于神人小眼，但是保持着如同瑶山 M7 : 55 牌饰、瑶山 M11 : 84 璜、反山 M16 : 3 牌饰的神兽眼睛的孑遗，如同北京大学考古文博学院秦岭所称，"神人、兽面、龙首纹这三个良渚纹饰最主要的母题似乎并非从一开始就是截然不同的三个系统，而是在同源的基础上逐步分化形成各自的变化体系"[①]（图 4-86）。

M7:50 琮除了眼睛形制特别之外，脸庞线的刻划也延伸到弦纹部位，最奇怪的是四个直槽部位靠近神人节面的一侧，另外有半圆形刻划，《瑶山》报告认为"半圆线表示耳朵"，可备一说（图 4-87）。

M7 玉钺杖瑁镦雕琢图纹，均分为上下两层，两层之间以斜螺旋间隔，M7:33 镦虽然看似水平，但是镶插玉钺柄的卯孔与镦底面斜度颇大。玉钺瑁镦上的图纹虽然非常图案化，但可以辨识出羽冠、鼻端等神像的构图元素。从 M7 : 31 瑁两面图纹上羽冠内单羽的散发方向可知，图纹以玉钺本体为中心展开，上下两层羽冠的一侧为非常抽象的鸟形图案，但其纹样的方向与瑶山 M11 : 86 冠状器神兽像两侧、瑶山 M3 : 3 三叉形器左右两叉上的鸟形象刚好相反，似乎有瑶山 M2:1 冠状器神像居中、

① 秦岭：《良渚文化玉器纹饰的比较研究——从刻纹玉器看良渚社会的关系网络》，载浙江省文物考古研究所编《浙江省文物考古研究所学刊（第八辑）：纪念良渚遗址发现七十周年学术研讨会文集》，科学出版社，2006 年，第 26 页。

正面

背面

图 4-86　瑶山 M7 : 55 牌饰（左）

图 4-87　瑶山 M7 : 50 琮（右）

两侧鸟形象分别向外的效果（图 4-88）。

　　M7:33 玉钺镦图纹相对复杂，两面图纹连续，且以两端为中心展开，两层之间也以螺旋间隔，以玉钺按柄后为准，朝向玉钺本体的一侧的下

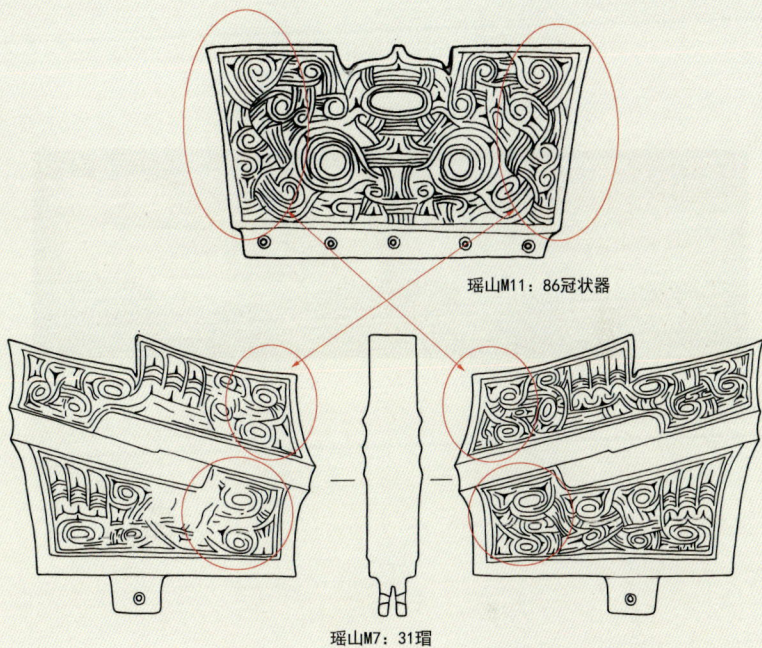

瑶山M11：86冠状器

瑶山M7：31瑁

图 4-88　瑶山 M7：31 玉钺瑁的图纹解析

层，图纹以鼻端为中心向两侧展开。上层则分别以两端鼻端刻划为中心展开。玉钺镦的视角，并非玉钺按柄后的他者视角，这也是设计上很有意思的现象（图 4-89）。

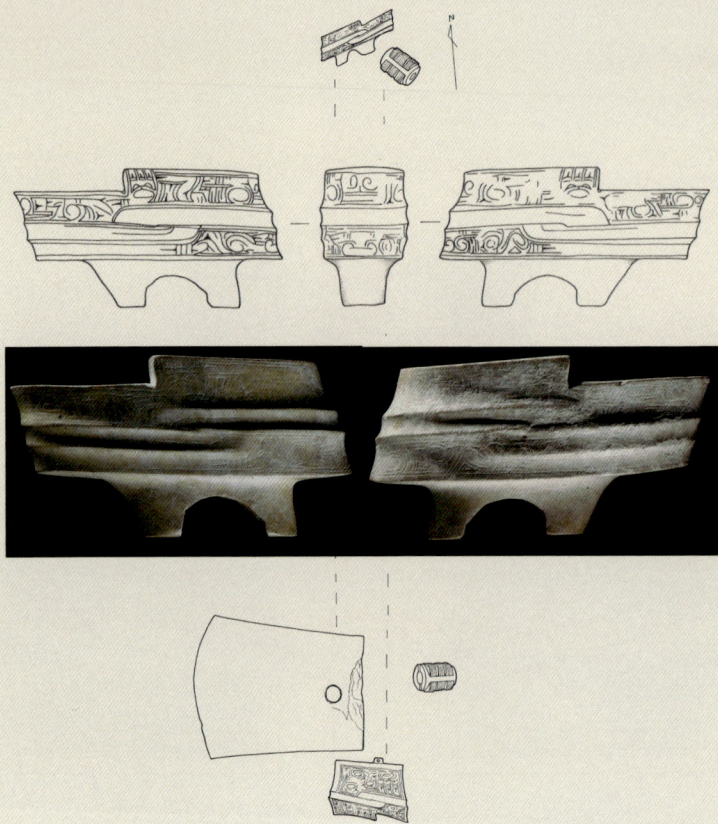

图 4-89　瑶山 M7：33 玉钺镦的图纹解析

三　以 M12 为代表的核心墓区埋设的第三阶段

这一组共 4 座墓葬，包括北列的 M6 和南列的 M2、M8、M12，其中 M12 无疑是等级最高的，M8 较为特殊，成组头饰和带盖柱形器均为石质。

1. M6

M6 墓圹长 2.85 米，南端宽 0.84 米、北端宽 1.26 米，墓坑深 0.52 米（图 4-90）。

M6 随葬品编号 20 件（组），单件计共 32 件。其中玉器编号 16 件（组），单件计共 28 件，陶器有鼎（19）、豆（17）、罐（20）、大口缸（？，18）。M5、M6 是瑶山核心墓中随葬品数量最少的墓葬（图 4-91）。

M6 墓主头饰为冠状器（1）、珠串（7、8），7 号玉珠为单件，8 号一组 8 件，相对集中出土，围径甚小，不能作为项饰，应该作束发用，与瑶山 M7：60 一组 18 件珠串性质一样。

胸饰为璜（2）。

有左右腕饰（4、3），左腕部位有一锥形器（14）。4、3 号腕镯内径分别为 5.7 厘米、5.8 厘米。如果统计瑶山核心墓区南北两列墓葬中作为臂串的镯的内径，就可以明显看出南列男性墓葬的镯内径多超过 6 厘米，而北列女性墓葬的镯内径基本在 5.7 厘米左右，更小的如 M14 中的 2 件镯，内径仅 5.1 厘米，说明这些玉镯极可能是量身定制的。

脚端随葬陶器部位有一玉纺轮（5），另侧为柱形器（6），还有 1 件

图 4-90 瑶山 M6

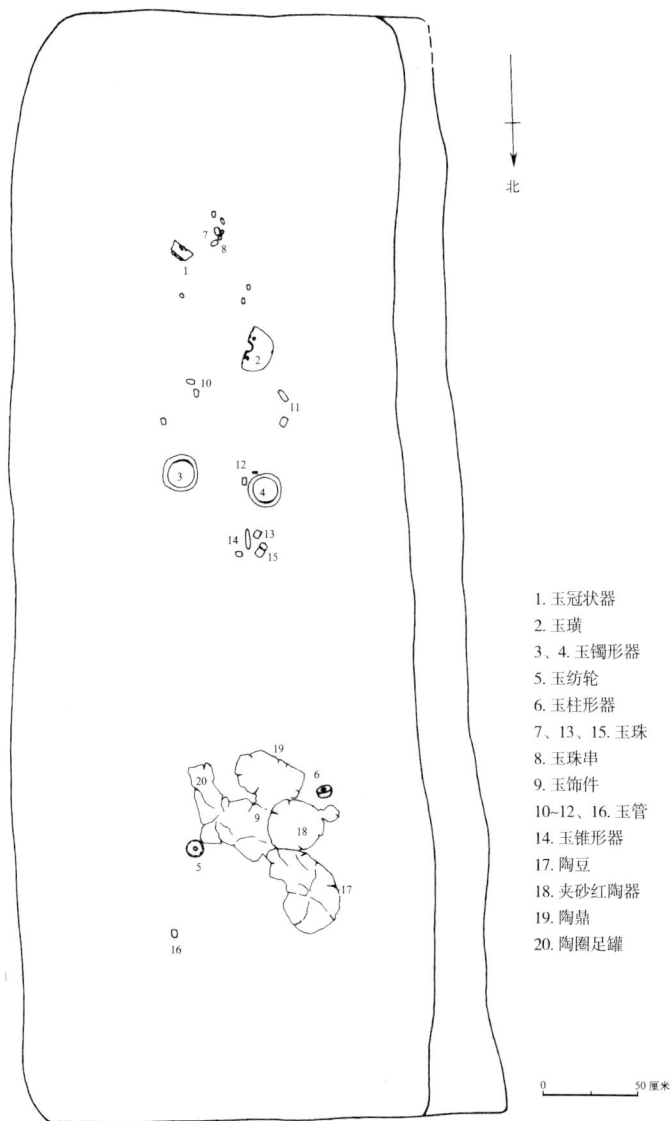

北

1. 玉冠状器
2. 玉璜
3、4. 玉镯形器
5. 玉纺轮
6. 玉柱形器
7、13、15. 玉珠
8. 玉珠串
9. 玉饰件
10~12、16. 玉管
14. 玉锥形器
17. 陶豆
18. 夹砂红陶器
19. 陶鼎
20. 陶圈足罐

0　　　　　50 厘米

图 4-91　瑶山 M6 平面图

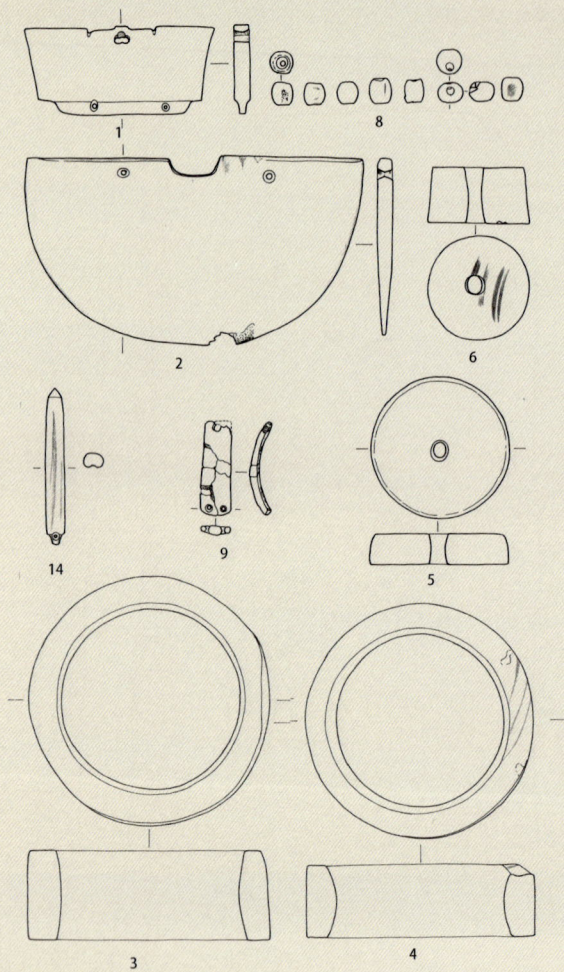

图 4-92　瑶山 M6 主要出土玉器

弧曲的玉饰件（9），应是环镯类玉器改制，用途不明。在瑶山核心区墓
葬中，改制再利用的情况极少（图 4-92）。

M6 葬仪复原如图 4-93 所示。

图 4-93　瑶山 M6 葬仪复原示意

2. M2

M2 墓圹长 3.50 米，宽 1.60 米，墓坑最深 0.80 米（图 4-94）。

M2 随葬品编号 62 件（组），单件计共 190 件。其中玉器编号 56 件（组），单件计共 184 件。石钺 2 件（27、61），陶器有鼎（36）、豆（34、62）、罐（35）（图 4-95）[①]。

19 号管串一组 4 件，位于墓室南端，可能作为棺饰。

M2 墓主头饰为冠状器（1）、中叉上组装龙首纹管的三叉形器（6、7）、一组 7 件成组锥形器（8-1, 8-2, 9-1, 9-2, 10 ~ 12）和一对隧孔珠（13-1、13-2）。这一部位还有带盖柱形器（2、3），出土时盖和柱体移位。一组 7 件成组锥形器中，有简约神人纹节面（8-1）、简约神兽纹（8-2），还有 2 件龙首纹（10、11），风格极不一致，也是值得关注的现象。与 6 号三叉形器配伍的 7 号龙首纹管，长 6.75 厘米、外径 1.4 厘米，上下雕琢三组龙首纹，下组因为被切割而不完整，原件应该更长。瑶山 M10 随葬陶器上有 1 件长 8 厘米、外径 1.8 厘米的龙首纹管（21），上下三节龙首纹完整。两者刻纹的区别是，M10 : 21 龙首纹管鼻梁部位是菱形，重圈凸眼上方

① 《瑶山》第 34 页图三一上，26 号玉坠位置依据野外平面图而定，但与野外照片核对后发现有误，26 号现移至 25 号一侧。

图 4-94　瑶山 M2

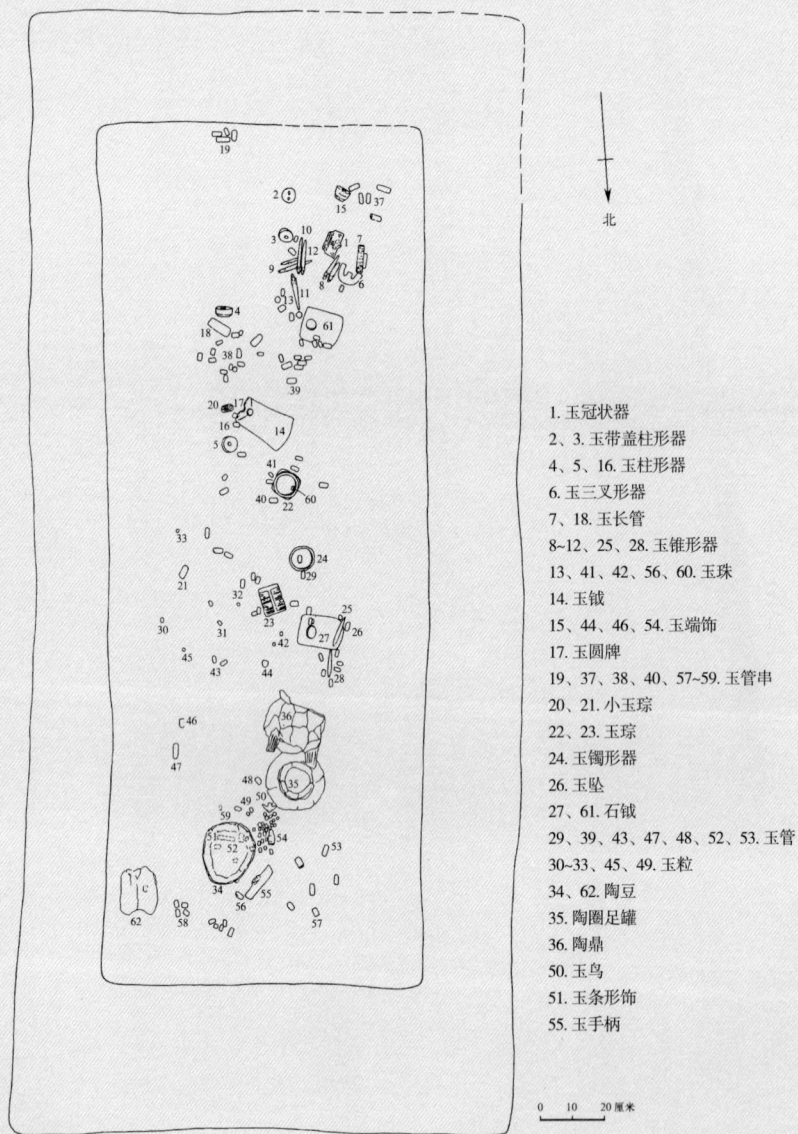

北

1. 玉冠状器
2、3. 玉带盖柱形器
4、5、16. 玉柱形器
6. 玉三叉形器
7、18. 玉长管
8~12、25、28. 玉锥形器
13、41、42、56、60. 玉珠
14. 玉钺
15、44、46、54. 玉端饰
17. 玉圆牌
19、37、38、40、57~59. 玉管串
20、21. 小玉琮
22、23. 玉琮
24. 玉镯形器
26. 玉坠
27、61. 石钺
29、39、43、47、48、52、53. 玉管
30~33、45、49. 玉粒
34、62. 陶豆
35. 陶圈足罐
36. 陶鼎
50. 玉鸟
51. 玉条形饰
55. 玉手柄

0   10   20 厘米

图 4-95 瑶山 M2 平面图

图 4-96 瑶山 M2 头部位出土玉器细部

和鼻端两侧加刻小尖喙，M2:7 龙首纹管的刻纹显得简约了些（图 4-96）。

61 号石钺可能原先铺垫在墓主头下。

墓主头部位的 15 号和 4 号端饰可能配伍，《瑶山》报告将 4 号端饰定名为柱形器。考虑到一端刻意雕琢呈凸字形，判断应该为贯孔端饰。

墓主肩部右侧有 1 件粗长玉管（18），长 8.1 厘米、外径 2.6 厘米，起到柱形器的作用。

38、39 号管串，也是呈横亘状出土，39 号为单件，38 号一组 28 件。

　　玉钺（14）刃部朝西侧，钺顶端有1件琮式管（20），往北约90厘米处另有1件形制一样的琮式管（21），2件琮式管应该是玉钺杖两端的饰件[1]。

　　玉钺下另有16号柱形器，17号龙首纹圆牌应该也在玉钺之下。

　　有左腕镯1件（24），孔径6.5厘米，明显较北列女性墓腕镯为大。24号镯下方为石钺（27），石钺上有1件锥形器（25），石钺北侧还有1件锥形器（28），首端折断后经过打磨，除了制作过程中不慎断裂后进行修治，也不排除是在使用过程中折断。在反山、瑶山墓地中，根据系孔部位的磨损，可以判定一些玉器曾经使用过，这对于全面了解良渚文化高等级墓葬的用玉很有帮助。根据野外照片甄别，石钺西侧应为26号玉坠，《瑶山》报告图三一需要修正。

　　24号腕镯的上下部位各有1件玉琮：22号琮竖置，孔径6.7厘米，不排除也作为臂串；23号琮侧置，内径6.2厘米，或许也作为臂串（图4-97）。

　　44、46号是一对形制相同的榫头端饰，出土时彼此间距50厘米，

---

[1]　《瑶山》报告判读4号柱形器与玉钺镦有关，有误。

图 4-97　瑶山 M2 墓室中部出土器物状况

是某类权杖两端的玉端饰。

　　脚端随葬陶器起取后暴露了一组重要玉器，有玉手柄 1 件（55），图纹朝下、鸟首向北的玉鸟 1 件（50），双卯孔朝北的端饰 1 件（54），用途不明的条形饰 1 件（51），以及一组 45 件密集出土的管串（59），59号管串大部分是双向钻孔后切割分断。50 号玉鸟是瑶山出土的唯一一件玉鸟，鸟眼和鼻端采用神兽大眼和鼻端纹样。

　　55 号玉手柄造型特殊，横断面略呈圆角方形，中间凹弧并有一方形凸块，雕琢神兽像，两端上翘，两端面和凸块另面各有卯孔。手柄侧视与瑶山 M11 所见 V 字形刀的玉刀背形似（M11：15），浑圆的个体又与瑶

图 4-98　瑶山 M2 陶豆起取后暴露的玉器

山 M11：72 手柄接近，但 55 号手柄两端面还有卯孔，用途不明。由于其出土在墓室北端，或许与反山王陵 M12 等诸墓的品字形、凹字形镶插端饰有关。M2 还出土 1 件外径 2 厘米的隧孔珠（56），还有 1 件球形隧孔珠（41）出土位置在 22 号琮附近。在瑶山墓地中，这也是隧孔珠出土位置开始多样的墓例（图 4-98）。

52、53 号玉管可以拼合，出土时彼此有一定间距。M2 是瑶山墓地中出土一切为二的玉管数量最多的墓例，至少说明为特定墓主定制玉器的现象已经存在（图 4-99）。

M2 葬仪复原如图 4-100 所示。

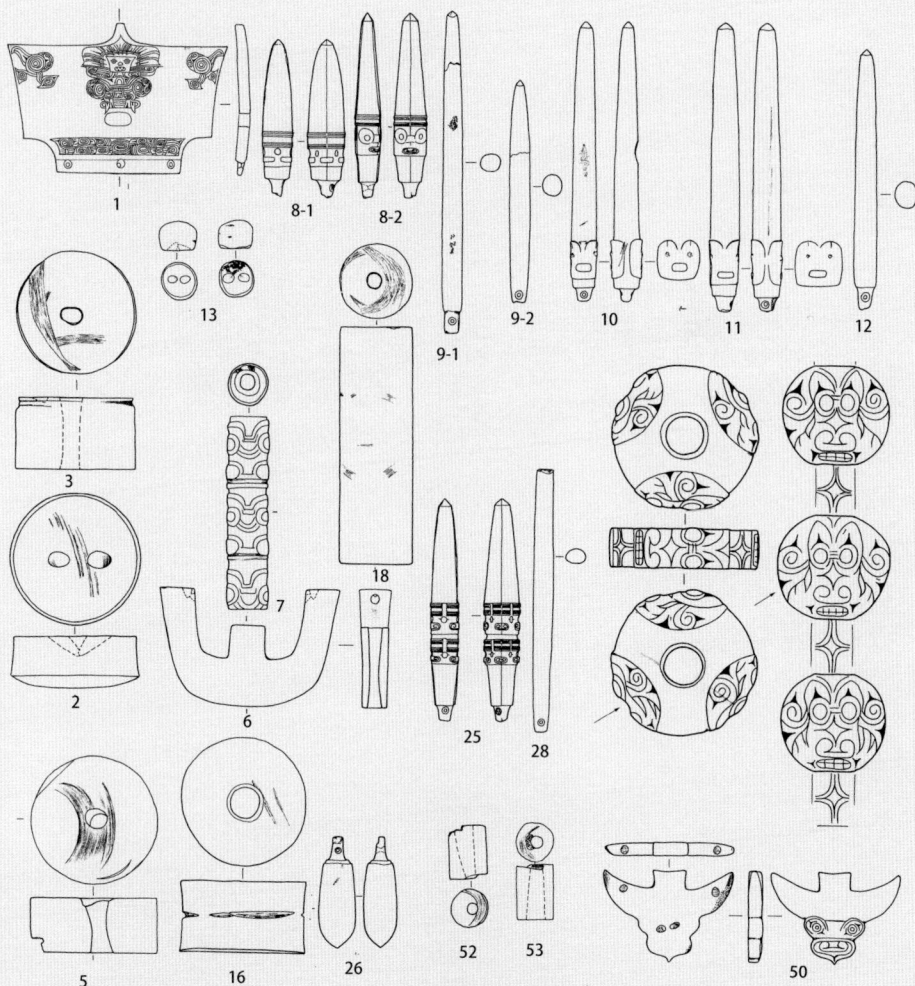

1
8-1
8-2
13
9-1
9-2
10
11
12
3
7
18
2
6
25
28
5
16
26
52
53
50

（a）

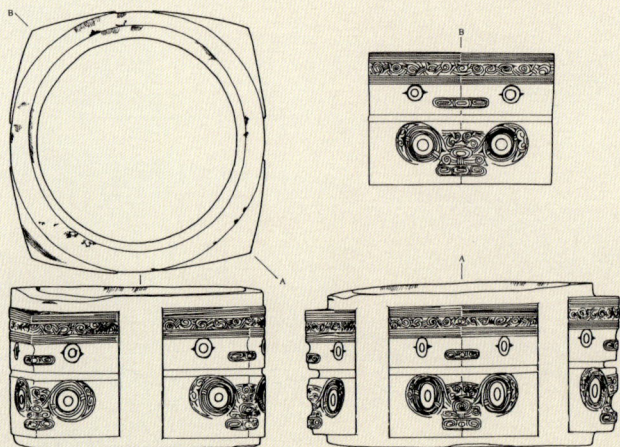

22

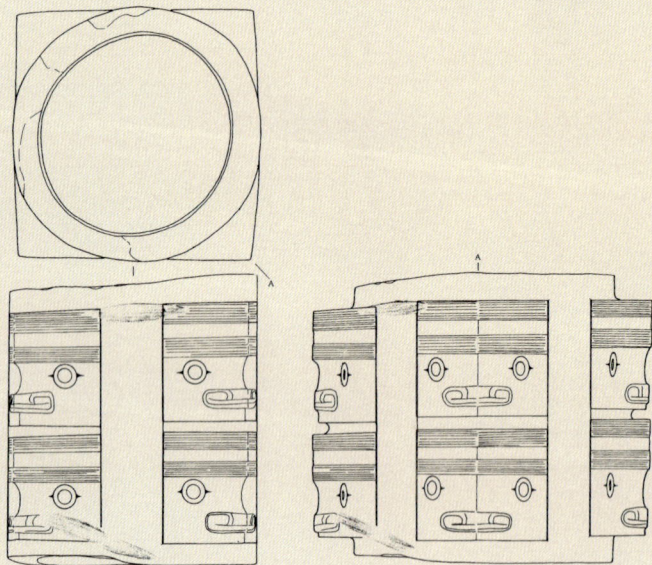

23

(b)

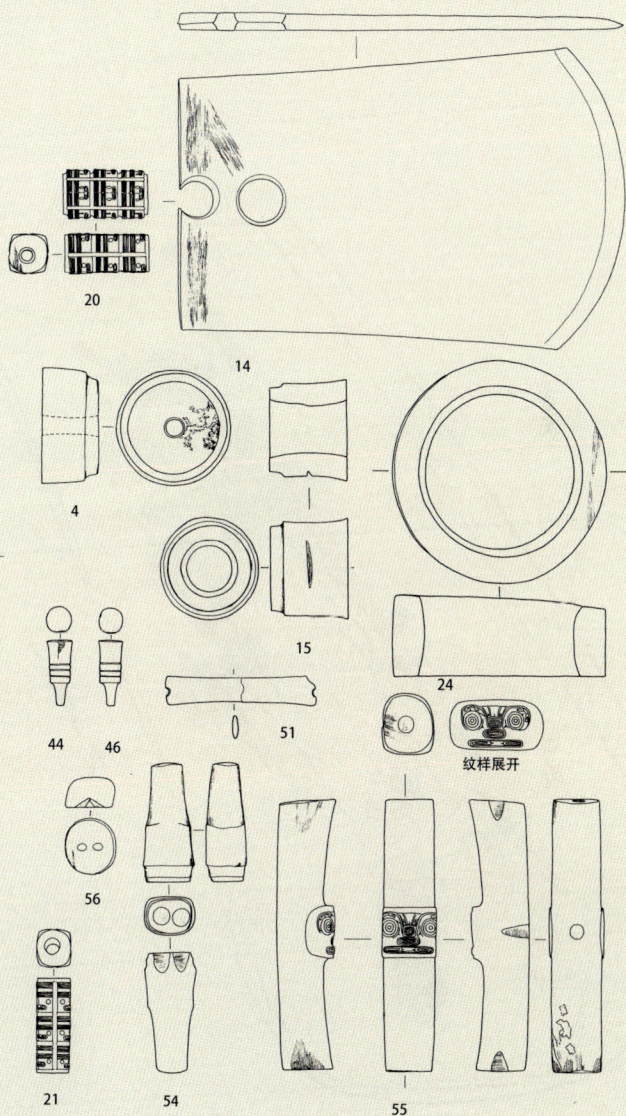

20

14

4

15

24

纹样展开

44　46

51

56

21　　54

55

（c）

图 4-99　瑶山 M2 主要出土玉器

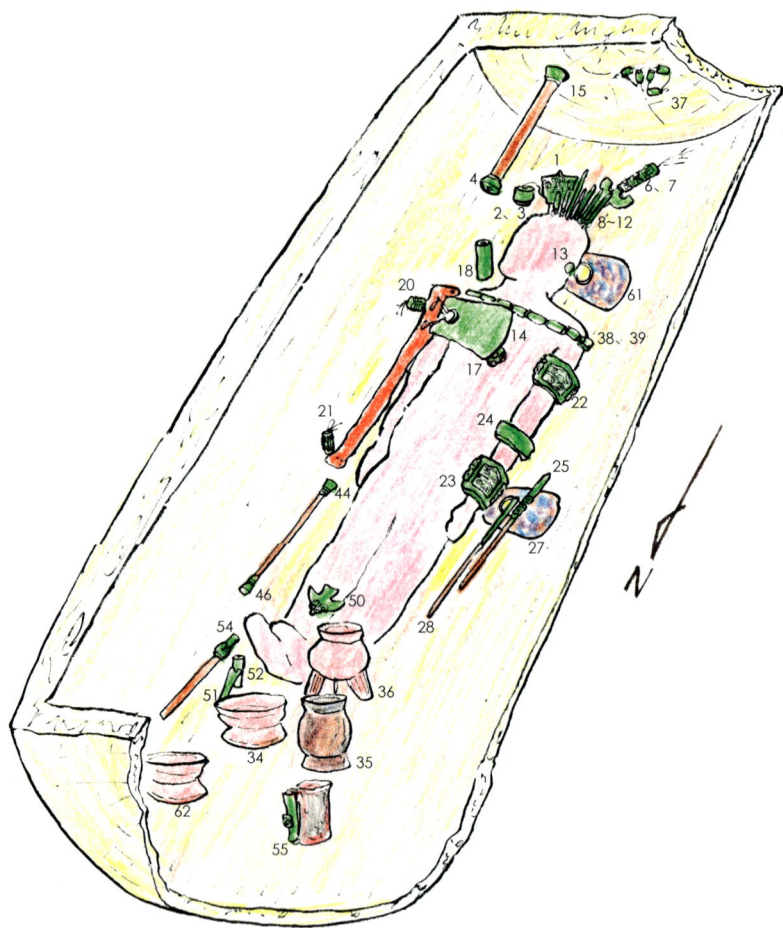

图 4-100　瑶山 M2 葬仪复原示意

    M2：1冠状器正面雕琢神像，两侧为向外的鸟形象，神像下方是椭圆形镂孔，镂孔下方是与冠状器两侧下端内凹弧结合的条状图纹。介字形尖凸的冠状器，下方的椭圆形镂孔是标配，神像省略了神人上肢局部、神兽下肢。图像位于介字形冠顶和椭圆形镂孔之间，除了表现图像空间上的合理布局，也说明冠状器的介字形冠顶和椭圆形镂孔之间这一区域的重要性。两侧向外似乎腾云驾雾飞奔的鸟形象的鸟身与神兽大眼完全一致，说明彼此要表现的含义相同，也非神鸟、太阳鸟莫属。独立的鸟形象也说明，除了反山M12大琮、大玉钺上所见的没有下肢的鸟形象，良渚文化也存在完整的鸟形象，这对于读识那些位于神像两侧的螺旋和尖喙组合的鸟纹有很大的启发（图4-101）。

    在瑶山核心墓区中，成组圆牌仅出土于北列墓葬，南列墓葬仅M2出土单件龙首纹圆牌（17），说明这一时期，成组圆牌开始个体化，这类在凌家滩、崧泽阶段称为小璧环的玉器，结合宽体大孔腕镯，不久便开始出现大孔璧（图4-102）。

神人上肢省略

神兽大眼和神鸟身体
完全一致

神兽下肢省略

神鸟的变体纹（以鸟喙为主）

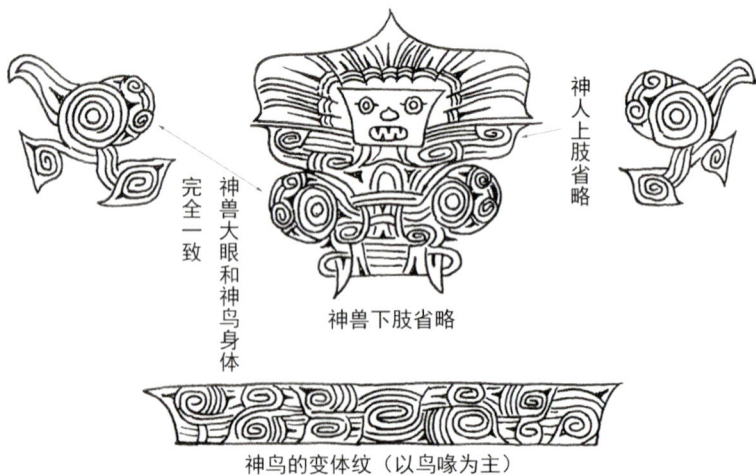

图 4-101　瑶山 M2：1 冠状器和纹样解读

图 4-102　瑶山 M2：17 龙首纹圆牌

3. M8

M8 墓圹长 3.08 米，宽 1.54 米，深 0.36 米。葬具痕迹长约 2.60 米，宽约 1 米（图 4-103）。

M8 随葬品编号 42 件（组），单件计共 80 件。其中玉器编号 31 件（组），单件计共 68 件。石器有带盖柱形器（2）、柱形器（23）、一组 4 件束腰形饰（4～7）、钺（21），陶器有鼎（42）、豆（39）、罐（40）、大口缸（41）（图 4-104）。

M8 墓主头饰为冠状器（3）、三叉形器及其中叉配置的玉管（8、9）、一组 5 件锥形器（10-1～10-5）、一对隧孔珠（15、19）、一组 4 件的石束腰形饰（4～7）。隧孔珠边上的 12、16、20（20-1、20-2）号 4 件小玉珠与隧孔珠分别配伍。三叉形器左右两叉的背面边缘各有 2 对隧孔，中叉穿孔为单向钻孔，与绝大多数的双向钻孔不同，后者更适合三叉形器中叉孔的下部作为卯孔使用，如果两叉的隧孔作为缝系用，说明三叉形器的使用方式较为复杂。石束腰形饰背面平整，两端尖凸，正面弧凸，中部束腰，可以粘贴，也可以利用束腰部位缚系，作为冠饰，功能同一组 4 件的半圆形器（图 4-105）。

玉钺（14）置于右肩部位，刃部朝西。石钺（21）也位于墓主上身右侧，刃部向南，整器由东向西倾侧。柱形器（28）位于石钺北部。

图 4-103　瑶山 M8

北

1、9、11、17、18、22、24~26、
　37. 玉管
2. 石带盖柱形器
3. 玉冠状器
4~7. 石束腰形饰
8. 玉三叉形器
10、30、31. 玉锥形器
12、15、16、19、20、35、38. 玉珠
13、36. 玉粒
14. 玉钺
21. 石钺
23. 石柱形器
27. 玉长管
28. 玉柱形器
29. 玉镯形器
32. 玉珠串
33. 玉管串
34. 玉坠
39. 陶豆
40. 陶圈足罐
41. 陶缸
42. 陶鼎

0　10　20厘米

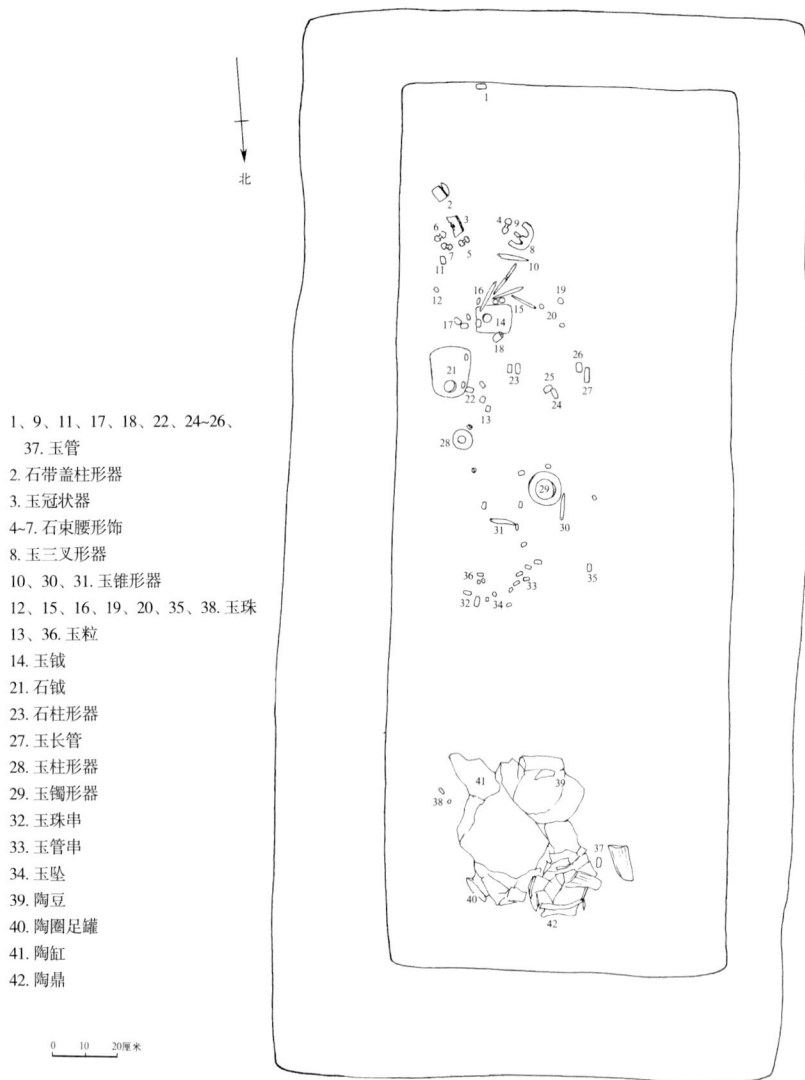

图 4-104　瑶山 M8 平面图

图 4-105 瑶山 M8 墓主头部位出土器物状况

左腕饰（29）孔内径 6.6 厘米，属于宽环形。一侧有 2 件锥形器（30、31）。

有小坠（34）的管串（33）、珠串（32）位于墓主下身部位，作用不明（图4-106）。

M8 葬仪复原如图 4-107 所示。

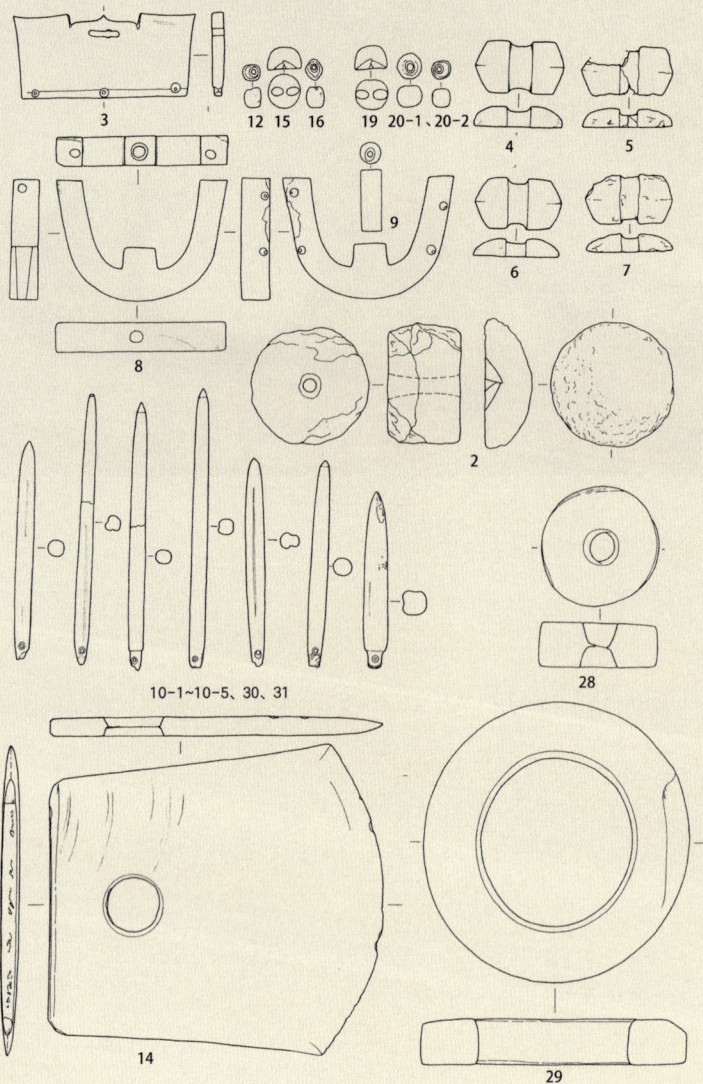

图 4-106　瑶山 M8 主要出土玉器

图 4-107　瑶山 M8 葬仪复原示意

4. M12

1987 年 5 月被盗掘的玉器均出自 M12。《东南文化》1988 年第 5 期刊登了余杭县文物管理委员会办公室沈德祥执笔的《浙江省余杭县安溪瑶山 12 号墓考古简报》，"经调查，收回被盗挖玉器 344 件，经整理后有41 件（组），计玉琮 7 件，……"。正文中又提到"玉琮 8 件，……，按形式分为 3 型：Ⅰ型琮 1 件：M12：3，……Ⅱ型琮 6 件：……，可分三式：1 式 1 件：M12：6，……2 式 4 件：M12：5，……，M12：2，……，M12：4，……，M12：7，……Ⅲ型琮 1 件：M12：1，……，上述 7 件玉琮，所刻各组繁简兽面纹饰，均大同小异，如出一师承"。由此可见该简报存在笔误，简报图二 M12:24 实为琮式管，即《瑶山》M12-2825 琮式管，M12 应收缴 7 件琮。

2000 年末，笔者随芮国耀赴尚在临平山上办公的余杭市文物管理委员会，对 M12 收缴玉器和瑶山西部出土玉器进行全面整理。但是由于余杭市文物管理委员会对玉器进行了重新编号，改为馆藏总编号，《瑶山》报告 M12 收录琮 8 件，"做出的判断可能会有不准确处"(《瑶山》第 174 页）。现以《东南文化》1988 年第 5 期沈德祥执笔的简报为准，甄别如表 4-1：

表 4-1　《东南文化》瑶山 M12 考古简报、《文物》瑶山简报和《瑶山》报告
收录的琮一览表

1988 年《东南文化》瑶山 M12 考古简报	1988年《文物》瑶山简报	2003 年《瑶山》报告	照片
M12：3，高 6 厘米	图一四·1	2784，高 6.05 厘米	
M12：7	图五·2、图七	2790，未收入，现藏于中国国家博物馆	
M12：1，高 5.8 厘米	图五·1	2789，高 5.75 厘米	
M12：6，高 7.8 厘米	图一四·2	2785，高 7.9 厘米	

续表

1988 年《东南文化》瑶山 M12 考古简报	1988年《文物》瑶山简报	2003 年《瑶山》报告	照片
M12: 5, 高 7.4 厘米	图一四·7	2787, 高 7.4 厘米	
M12: 4, 高 5.7 厘米	图八（简报误为 M12: 2）	2788, 高 5.8 厘米	
M12: 2, 高 6.9 厘米（未附图）	图六（简报误为 M12: 4）	2786, 高 6.95 ～ 7 厘米	

　　这样，《瑶山》报告中提到的 12 号墓 2785、2790、2791 琮，不是 1987 年收缴的 7 件琮之中的。《瑶山》第 181 页脚注①提到由中国国家博物馆提供线图及照片的 2790 琮，也不是 1987 年收缴的编号"2843.2-296"的琮，《瑶山》报告图二三三线图漏画了琮节面的脸庞线，也有误。1987 年收缴的 M12：7 琮，现仍在中国国家博物馆，编号为"2790.2-243"（图 4-108）。

图 4-108　瑶山 M12-2790 琮

M12 作为瑶山核心墓区等级最高的墓葬，收缴了一组 4 件成组半圆形器、冠状器、三叉形器、9 件锥形器、琮、玉钺、9 件柱形器、37 件刻纹玉管，以及少量端饰，玉匕和玉匙弥足珍贵，2794 玉盖纽、2793 玉圈足证明 M12 还有嵌玉漆器（图 4-109）。

9 件锥形器均为琮式，但不一定均作为头饰，除了 M12-2817、M12-2819 纹样相同外，另外 7 件纹样都各不相同。

M12-2784 琮，射径 12.7 厘米，孔径 5.7 厘米，是一件射孔小、璧形射面的大琮。反山 M12：98 大琮、寺墩 M3：5 大琮的形制与之相同，推测原先也应该放置在墓主头部一侧或直接铺垫在头下。

M12-2789 琮，上下节面高度不一，是唯一一件节面弦纹带转角处雕琢倒梯形神人面部的琮，说明弦纹带部位是神人图意的象征。下节的神兽图像，眼梁部位雕琢外卷八字形纹样，这一纹样也见于凌家滩 87M15：35、38 玉冠饰的造型，临平玉架山良渚文化早期墓葬中也出土了相关的刻纹玉器，说明在神兽、神像的创造中反映出的源流、元素。M12-2789 琮神兽，大眼、鼻、獠牙嘴部位完整，左右两角部位应该就是下肢，也是一副与瑶山 M9：4 圆琮蹲伏状的神兽相似的姿势（图 4-110）。

M12-2836 玉匙柄部刻神兽纹样，M12-2837 玉匕柄部雕琢为冠状器二分之一的外形，并刻划螺旋和小尖喙组合纹样（图 4-111 和图 4-112）。

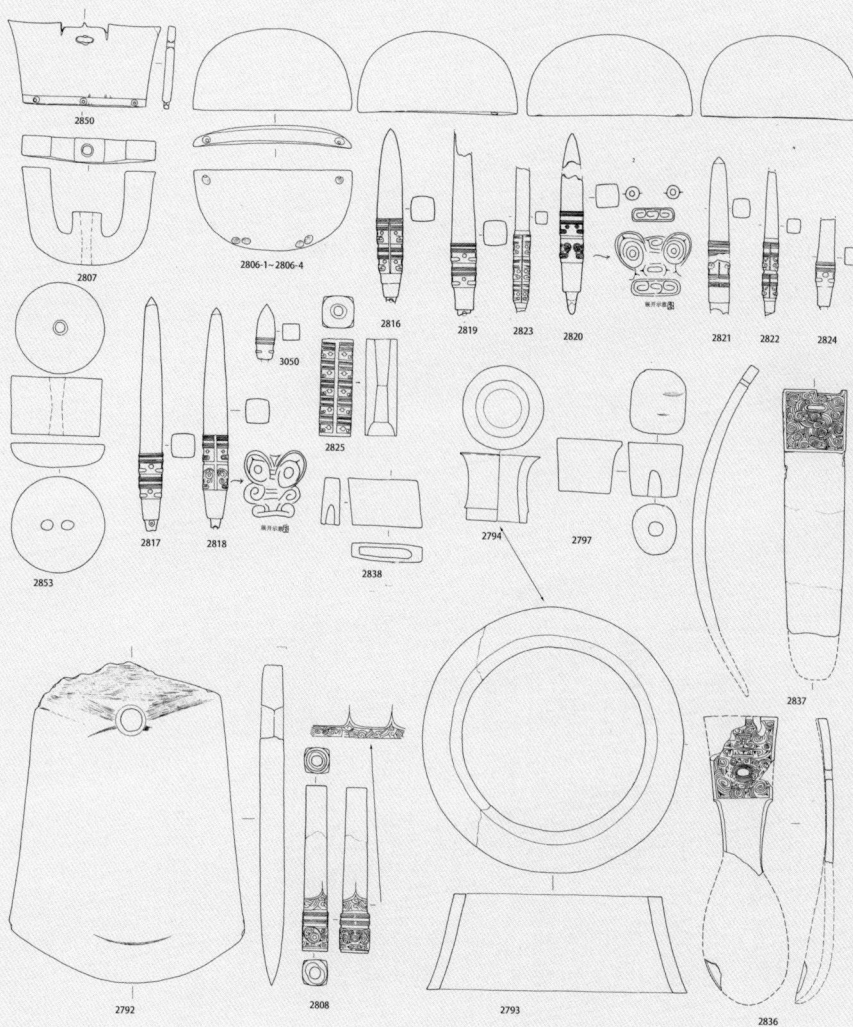

2850

2807

2806-1～2806-4

2816

2819　2823　2820

2821　2822　2824

3050

2825

2817　2818

2838

2794

2797

2853

2837

2792

2808

2793

2836

（a）

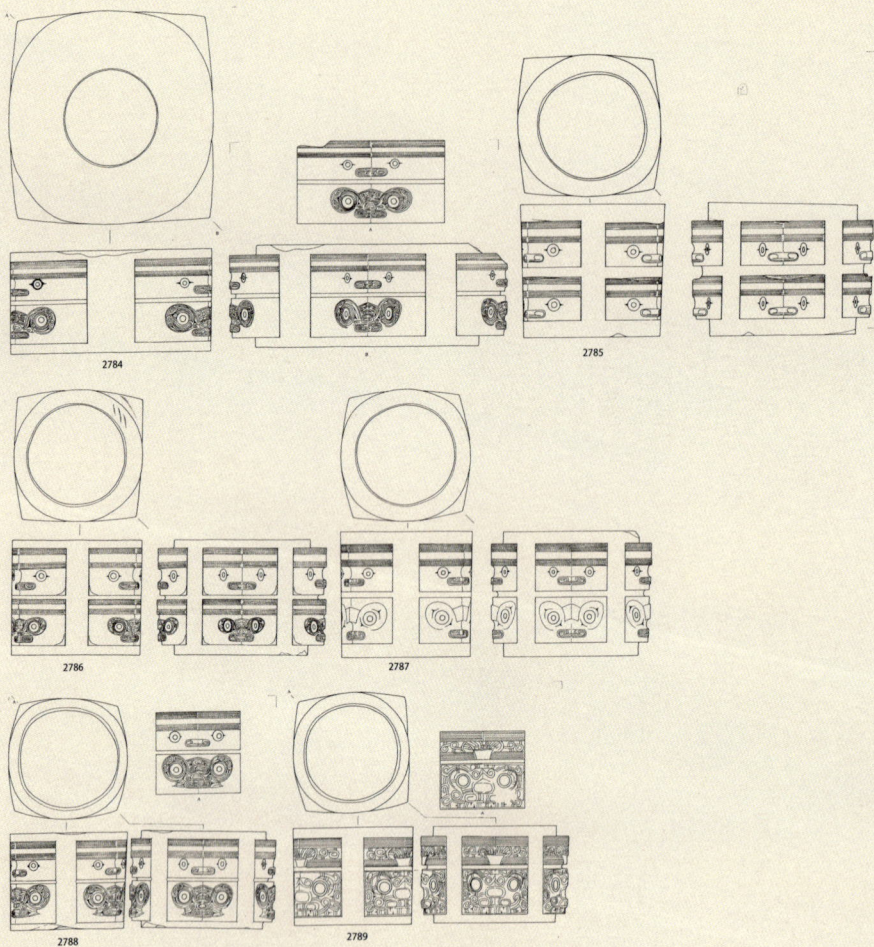

2784

2785

2786

2787

2788

2789

(b)

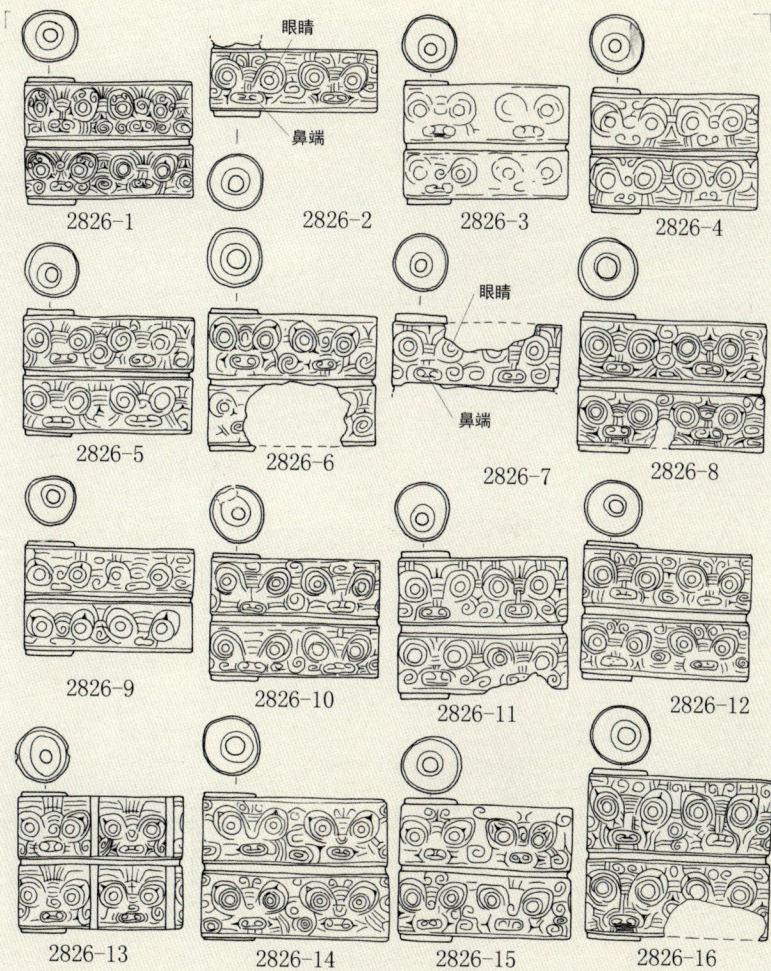

眼睛

鼻端

2826-1　　　　　2826-2　　　　　2826-3　　　　　2826-4

眼睛

鼻端

2826-5　　　　2826-6　　　　2826-7　　　　2826-8

2826-9　　　　2826-10　　　　2826-11　　　　2826-12

2826-13　　　　2826-14　　　　2826-15　　　　2826-16

（c）

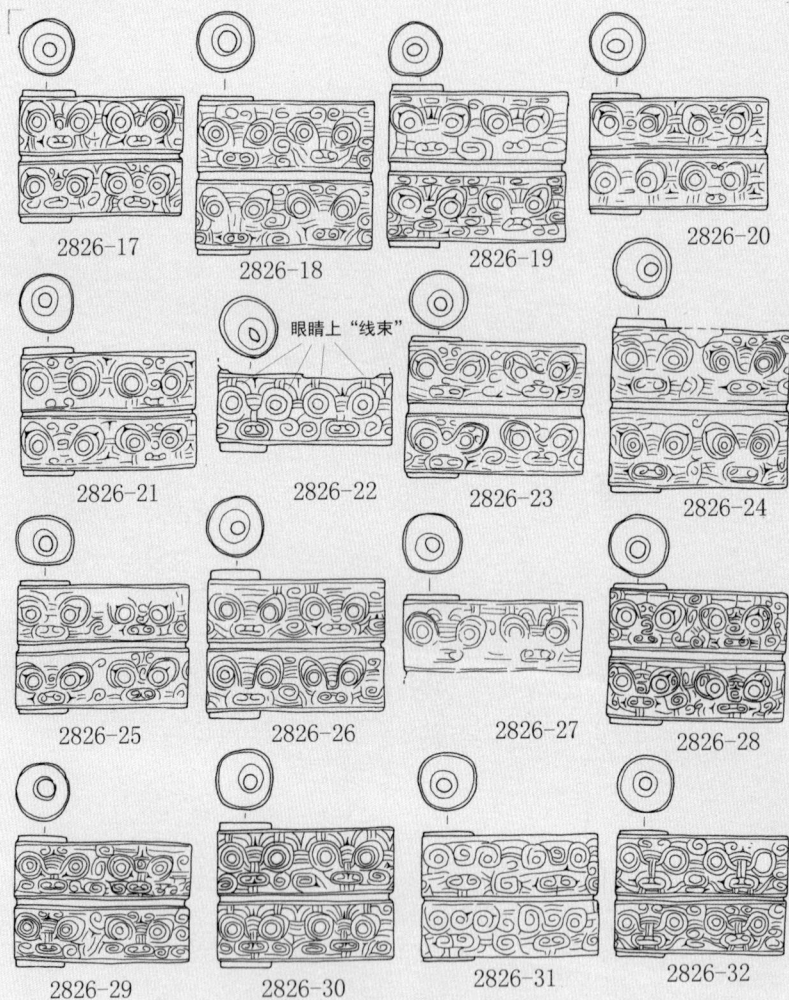

2826-17

2826-18

2826-19

2826-20

眼睛上"线束"

2826-21

2826-22

2826-23

2826-24

2826-25

2826-26

2826-27

2826-28

2826-29

2826-30

2826-31

2826-32

（d）

图 4-109 瑶山 M12 收缴的部分玉器

图 4-110　瑶山 M12-2789 琮节面纹样解读

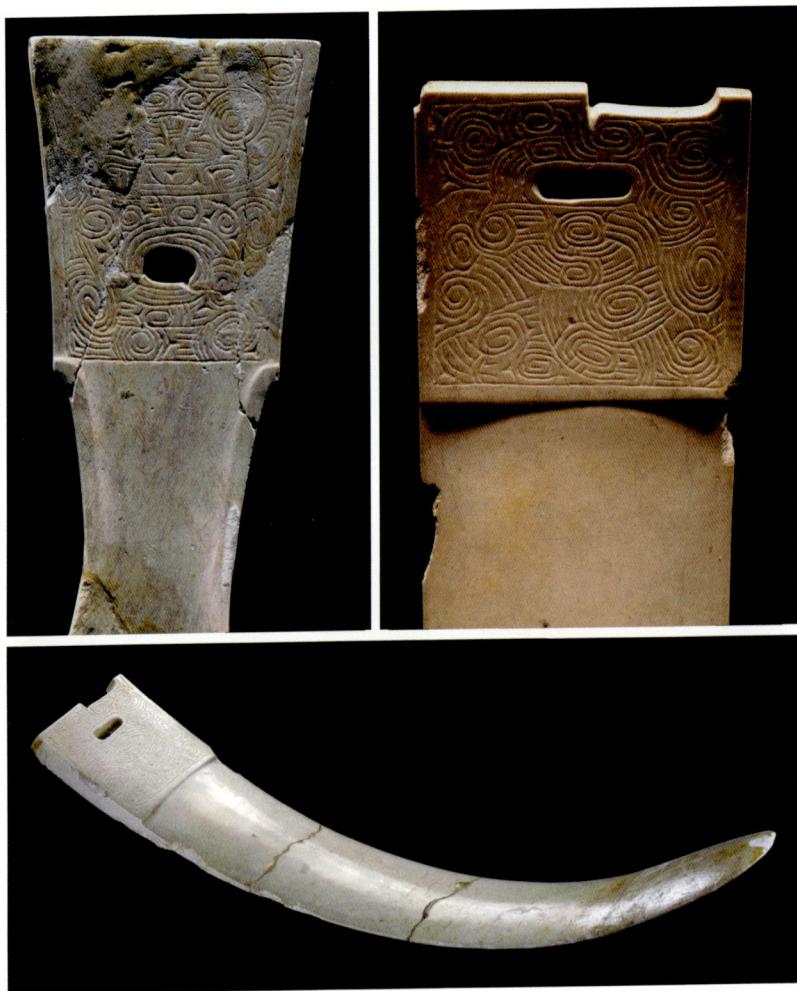

图 4-111　瑶山 M12-2836 玉匙（上）
图 4-112　瑶山 M12-2837 玉匕（下）

之前，仅凌家滩 87M4 出土玉匙 1 件（87M4：26）。临平玉架山良渚文化早期 M200 出土玉匕 1 件和玉箸形器一双（图 4-113），说明在良渚文化早期玉礼器不仅拓展到礼仪（复杂玉冠饰）、宗教（琮）、军事（玉钺）、生产（玉纺轮、玉刀），还深入人们的日常生活（嵌玉漆器、玉匙、玉匕等）。

收缴的 37 件刻纹玉管，有 5 件甚残，纹样难辨，其余 32 件玉管所刻纹样，均分为上下两节，均有龙首纹孑遗的大眼神兽纹，但纹样细节无一雷同（图 4-114）。

M12-2808 刻纹长玉管（图 4-115）造型复杂，中部穿孔，上部为圆柱形，底部雕琢两组类似介字形冠的尖突纹样，与下部方柱体雕琢的两组神兽纹样对应。类似介字形冠的纹样顶刻在神兽纹的弦纹组上方，且又位于圆柱体，是对于琮式形制玉器形而上意义的最好补充，无一雷同。

瑶山 M12 虽然被盗，且年代信息遭到毁灭性的破坏，但这 37 件刻纹玉管带有龙首纹向神兽纹发展的过渡形式，其相对年代应该视为与瑶山核心墓区一体。鉴于瑶山 M12 出土了在反山王陵可以被视为"王冠"的一组 4 件半圆形器，M12 的墓主可视为良渚古城遗址目前已知的"第一代"真正的"王"。

瑶山核心墓区和西侧墓葬，均未有玉璧发现，一方面说明这一阶段还未有典型玉璧出现，但另一方面，成组圆牌的个体（除了玦式圆牌之

玉匕

玉箸形器

图 4-113　临平玉架山 M200

YLYM200

图 4-114　从第一排开始从左往右依次是照片资料编号 LP270、LP277、LP314、LP352、LP378、LP379、LP382、LP393 玉管

图 4-115　瑶山 M12-2808 刻纹长玉管

外）、宽体大孔环镯也说明，玉璧已呼之欲出，尤其是 M12-2784 琮的射面，从俯视角度看，已经颇有玉璧的形象。

　　从 M12 的规格来看，头饰玉器没有散失，琮估计也差不多，但是应该还有玉钺的瑁镦，以及丰富的各类权杖的玉端饰。另外，还应该有石钺。

图 4-116　何东爵士收藏的玉钺瑁

　　大英博物馆展览的何东爵士收藏的玉钺瑁（图 4-116），极有可能是瑶山散失的玉钺瑁，该玉钺瑁造型特别，上翘的前方上下均可以辨识出与瑶山 M7 : 50 琮相同的神人眼睛、重圈的神兽大眼，瑁的尾部还有三组放射状的羽毛，瑁中部结合镂孔为一近似介字形冠的结构。填刻的纹样中单螺旋、双螺旋、小尖喙、线束等非常合乎瑶山刻纹玉器的风格。这件瑁的简约造型可参见苏州张陵山东山 M1 : 15 玉钺瑁[①]。

[①]　南京博物院、甪直保圣寺文物保管所：《江苏吴县张陵山东山遗址》，《文物》1986 年第 10 期，第 26-35 页。

图 4-117　台北故宫博物院藏编号购玉 0026、0138 的刻纹玉管

　　收缴的 37 件刻纹玉管中，2826-24 长 3.55 厘米，2826-32 长 2.5 厘米，均分为上下两节，每节两组神兽纹，重圈眼的尖喙和月牙形耳朵均上扬，所刻图纹相似，但无一完全相同者。台北故宫博物院藏编号购玉 0026 的刻纹玉管，高 2.76 厘米，编号购玉 0138 的刻纹玉管，高 4.2 厘米，这 2 件刻纹玉管估计也是 M12 被盗后流散的（图 4-117）[1]。

----

① 邓淑苹主编：《故宫玉器精选全集（第一卷）：玉之灵·1》，台北故宫博物院，2019 年，第 363、364 页。

第五章

关于瑶山遗址西部墓葬

1987 年 5 月，为了先期了解瑶山遗址的堆积，先发掘了东西向 T1、T2、T3 探沟，探沟长 25 米，T4 长 15 米。在发现良渚文化遗迹后，T1 ～ T3 都向西延长了 5 米，T4 向西延长了 10 米，并往南扩展了 3 米。在明确了祭坛和墓葬遗迹的范围并清理发掘后，考古队现场砌石台进行保护，简单展示（图 5-1）。

当时 T3 出土了球形隧孔珠、锥形器和冠状器残件，已发掘的墓葬保存得也相当完整。这些在 T3 表土层中出土的玉器残件，明显是墓葬随葬品的残留，但是考虑到向西的探沟已经延长，所以当时没有进一步考虑更大的范围，致使后来瑶山核心墓区西部多次遭到盗掘，出土了一批良渚文化玉器。

1987 年 8 月，在发掘区西部也就是 1997 年上半年

图 5-1　1987 年瑶山发掘场景

发掘的 T303 范围内，出土了一批良渚文化遗物，有冠状器、三叉形器、成组锥形器、带盖柱形器、筒形臂串、柱形器、琮式管，以及玉琮 4 件、玉钺 2 件。

只是，1997 年下半年发掘时，这一区域被盗掘呈倒挂的钟乳石状，已经没有任何可以用于判断的线索。

《瑶山》报告根据这批遗物中有 2 件玉钺推测至少出自 2 座墓葬。

从出土的 2 件玉钺形制分析，M12-2840 号平面相对修长，但与M12-3047 号玉钺一样，均属于风字形，年代不会太晚。M12-2841、M12-2842 号琮、M12-2847 号琮式管的神兽大眼省略斜上下的尖喙，与反山较早阶段墓葬 M17：1 琮、M12：90 琮风格一致（反山 M18：6 琮神兽大眼斜下上雕琢小尖喙）。成组锥形器端部也多不切割榫部。这些都是良渚文化早期玉器的特征（图 5-2）。

由此，笔者推测瑶山西区的墓葬有可能与核心区墓葬共存，也可能稍晚于核心区墓葬的年代。可能是在核心区墓葬埋设完成后，再在西部埋设了一批数量不明的墓葬。但是无论如何，这批墓葬的年代仍属于良渚文化早期，也就是相当于反山王陵以 M12 为核心的早期阶段，这一时期，典型的良渚文化玉璧还在酝酿和发展中。

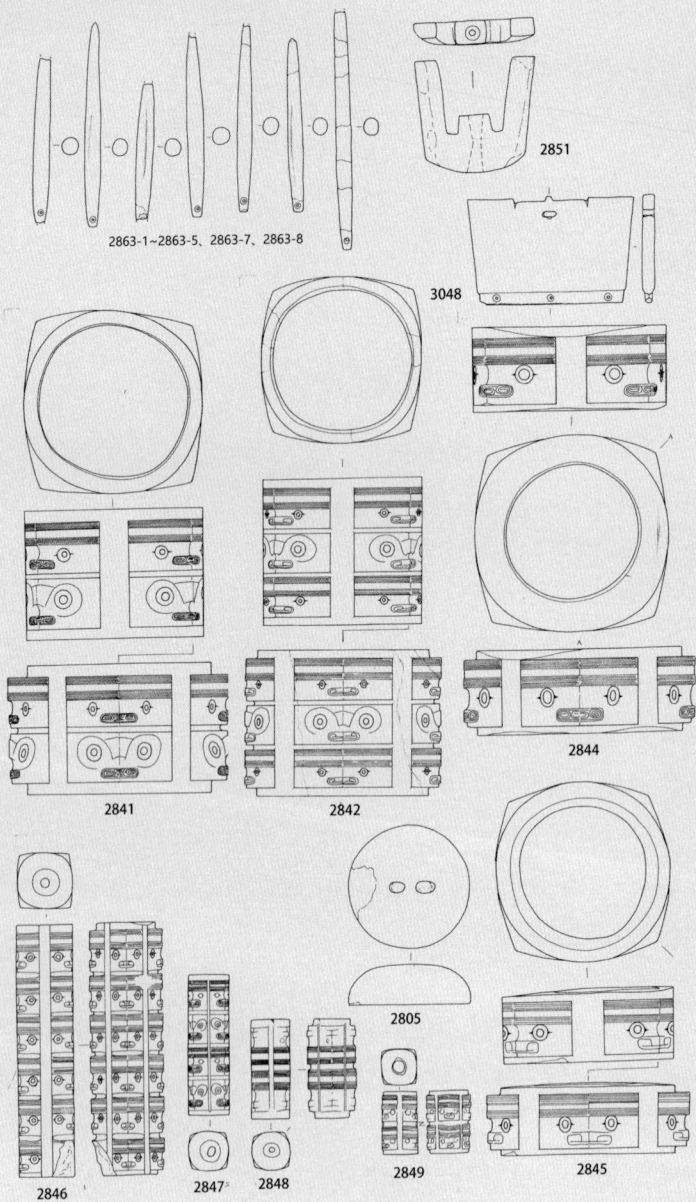

2863-1~2863-5、2863-7、2863-8

2851

3048

2841

2842

2844

2805

2846

2847

2848

2849

2845

图 5-2　1987 年瑶山西区出土的部分玉器

瑶山遗址与良渚早期社会

瑶山等地墓葬最值得重视的现象，是琮、钺共为一人的随葬物，显示神权、军权集于一人的事实。玉琮是专用的祭天礼器，设计的样子是天人交流，随着从早到晚的演变，琮的制作越来越规范化，加层加高加大，反映对琮的使用趋向垄断，对天说话、与天交流已成最高礼仪，只有一人，天字第一号人物才能有此权利，这就如同明朝在北京天坛举行祭天仪式是皇帝一人的事一样。这与传说中颛顼的"绝地天通"是一致的。这种以权力集中到一人为标志的政权转折，是中国 5000 年文明史上的一个转折点，也是方国的一个主要标志，就是大国下的小国群体。从区系角度分析，太湖流域作为一个大区系，内部又分为若干个小块块，是大区系下的小块块。所以认识到良渚文化已具有方国规模，才更有实质意义。

——苏秉琦:《中国文明起源新探》，生活·读书·新知三联书店，1999 年，第 147–151 页。

瑶山遗址核心区墓地是迄今为止良渚古城遗址内等级最高的墓地，也是良渚文化时期年代最早的墓地。瑶山墓地成组玉礼器的使用及其反映的墓主身份、等级和地位，以及墓地布局体现的社会组织，对了解良渚古城遗址良渚文化早期、太湖流域良渚文化早期中心聚落和周边区域中心之间的关系，有着十分重要的意义。

一　瑶山遗址核心区墓葬成组玉礼器反映的身份、等级和地位

瑶山遗址核心区 13 座墓葬共出土玉、石、陶、漆、牙等编号器物 765 件（组），单件计共 3004 件，其中玉器 689 件（组），单件计共 2926 件。考虑到 M12 仅为收缴玉器，如果没有被盗，总数还会更大（表 6-1）。

表 6-1　瑶山核心区墓葬随葬品数量统计表

墓号	总数 / 件（组）	单件总数 / 件	玉器总数 / 件（组）	玉器单件总数 / 件
M1	30	61	26	57
M4	45	61	38	54
M5	12	22	9	19
M14	22	52	18	48
M11	96	546	87	537
M3	50	107	45	102
M9	82	268	76	262
M10	105	562	99	556

续表

墓号	总数/件（组）	单件总数/件	玉器总数/件（组）	玉器单件总数/件
M7	158	679	147	667
M6	20	32	16	28
M2	62	190	56	184
M8	42	80	31	68
M12	41	344	41	344
总计	765	3004	689	2926

仅从随葬品总数或单件总数就可以看出北列 M11 与南列 M9、M10、M7、M12 最为显赫。

具体到南列各墓，如果先排除出土核心墓葬 M12，那么在成组玉礼器的配置上，可以带盖柱形器的有无、成组锥形器的数量、琮的数量、玉钺的瑁镦装置等判定南列墓葬墓主的身份和等级，再根据一些特殊的玉器来讨论墓主身份的复杂性。

比如在棺盖上放置玉器。虽然北列 M1 龙首纹环镯原先放置在棺盖上，但终究未形成定制，而南列则有 M7 一组 3 件环镯、M10 一组 3 件柱形器放置在棺盖上。

冠状器、三叉形器是南北两列墓葬的标配。

带盖柱形器是南列墓葬的标配，虽然 M8 出土的带盖柱形器为石质。

成组锥形器是南列墓葬的标配，组成的数量和纹样雕琢成为墓葬等级的标识之一。南列墓葬按锥形器的组成数量分为三个等级：一组 10～11 件的 M7、M10；一组 7 件的 M9、M2；一组 5 件的 M3、M8。

南列墓葬均随葬玉钺，唯独 M7 装配瑁、镦，还附饰琮式管。M2、M9 附饰琮式管。M7、M10 还出土了形制颇为接近的权杖端饰（M7：29、M10：18）。

南列墓葬 M3、M8 未出土琮，M10 出土 3 件，M7、M2 各出土 2 件。

作为臂串的环镯的数量，也是墓主等级和地位的标识之一。M7 至少 7 件环镯作为臂串，M10 至少 5 件环镯作为臂串。其余诸墓，多为 1～3 件。

所以，南列墓葬根据成组玉礼器的主要种类来看，除了核心墓葬 M12，M7 和 M10 等级最高，M9、M2 次之，M3、M8 再次之。

特别种类和形制的玉器不仅可以反映墓主之间的关系，也可以反映墓主的身份。当然，相比反山王陵，瑶山核心区墓葬出土的这类玉器种类极少。在南列墓葬中，除了等级最高的 M12、M7、M10 之外，主要集中在 M2。

M2 出土了南列墓葬仅有的 1 件龙首纹圆牌，除了作为头饰的一对隧孔珠，还有 2 件隧孔珠在不同位置。M2 一组 7 件锥形器中，有 4 件雕琢纹样，其中 2 件同为龙首纹，另外 2 件形式不一。M2 还出土了用途不明的玉手柄、条形器，以及形制独特的权杖端饰，脚端部位出土了瑶山核心区墓葬唯一的 1 件雕琢神兽纹的玉鸟。M2 出土 2 件琮，1 件为两节神人和兽面，填刻繁缛纹样，1 件为两节简约神人。M2：4、M2：15 权杖端饰的形制，其实与 M7：29、M10：18 权杖端饰很接近。M2 刻纹玉器数量也不少，龙首纹就有圆牌、锥形器、长管三种形式，神人兽面纹有神像和两侧鸟形象的完整组合形式，有锥形器、琮式管、琮，以及玉手柄的不同的简约方式，还把神兽纹雕琢在玉鸟上。M2 玉钺虽然没有玉瑁镦，但上下两端装配了只有第一阶段 M9 才有的琮式管。

M2 的墓主虽然等级并不算很高，但墓葬出土玉器种类丰富，雕琢的纹样全面系统，似乎是整个瑶山核心墓区琢玉工艺的总规划师、总设计师。

瑶山北列墓葬中，M11 不仅是等级最高的墓葬，而且还出土了北列墓葬中唯一的带盖柱形器，另外 3 件柱形器也可能原先放置在棺盖上。M11 完全可以与南列 M7、M10 等级对应。由于北列墓葬成组玉礼器组

图 6-1 瑶山核心墓区各墓的主要成组玉礼器示意

合的特殊性，璜和成组圆牌的数量就成为北列墓葬等级的主要标识之一。除 M11 外，M4 出土 2 件璜、8 件圆牌，M1 出土 2 件璜、6 件圆牌，M14 出土 1 件璜、1 件圆牌，M6 仅出土 1 件璜，M5 仅出土 2 件圆牌（另1 件不作项胸饰）。M4、M1 也出土了刻纹玉器，与其等级相对较高也较为吻合（图 6-1）。

故宫博物院张忠培、杨晶在讨论瑶山南北两墓葬墓主的关系时，也认为是"由一定规划所形成的布局"，但要弄清南列的哪座墓与北列的哪座墓间存在着怎样的对应关系，"尚需要付出艰辛的努力"[①]。2012 年，张忠培在详细讨论瑶山墓地时，认为墓主的葬式为仰身直肢，头向南，故北排[②]位于南排的脚下，将女性墓安排在北排，男性墓安排在南排，体现的是上、下之分，目的是显示男性的地位高于女性。男女地位这样的关系，不能见于母系社会，只能见于父系社会，南排和北排墓主的关系，只能是姻亲关系，北排某座墓葬的主人当是其南的那座墓葬主人的妻子，要搞清楚这一问题，一是要注意北排和南排诸墓的相对位置，二是依妻以夫贵的原则，要看随葬器物的多寡，M6 墓主当是 M8 墓主的妻子；M11 墓主是 M7 墓主的妻子；M1 墓主应是 M3 墓主的妻子。M4 墓主是 M10 墓主的妻子；M14 和 M5 或为 M9 墓主的妻妾，或为其原配与继室。M2 和 M12 的妻子本当安葬在此，却未能入葬此地，原因是什么，我们实难知晓，"瑶山良渚文化墓地则是同一群体的若干对夫妻的合葬墓地"。"在瑶山墓地中，既掌神权又控军权这种最高权力者，即掌控政权的神王就有 5 位，仅握军权而仅次于最高权力者的人物也有两人"，"瑶山墓地当是安葬一定时期统管一方的某一家族的几代掌权人包括他们中

---

① 张忠培、杨晶：《〈瑶山〉——研究良渚文化必读的著作》，《文物》2004 年第 6 期，第 94-96 页。

② 这里的北排、南排即前文中的北列、南列。

某些人妻子的墓地"①。

　　根据钺、纺轮等随葬品组合的不同，墓地分为南北两列。除了高等级的瑶山王陵和祭坛，这种形式在崧泽文化晚期湖州毘山墓地东区、与瑶山同时期的良渚庙前良渚文化早期墓地也有发现，是良渚文化核心区和周边区域的重要葬制和葬俗。但是，到了良渚文化中晚期，这类泾渭分明的南北两列墓葬布局就不见了，而且在墓葬中随葬石钺的数量也越来越多，随葬石钺的墓葬也越来越多，石钺和纺轮共出也越来越多见，说明社会关系发生了很大的变化。

　　民族学中很少有这样类似的资料。中国国家博物馆宋兆麟曾介绍过云南永宁纳西族公共墓地的情况。纳西族的氏族公共墓地内，分布有许多母系亲族的墓地，其中有骨灰袋排葬区，"在一般情况下，排葬有六七个骨灰袋。骨灰袋的排列有一定规律的，凡是同一亲族的死者，都安葬在这里，男女分为两列，女子居右，男子在左。不同辈分的人也加以区别，老辈在上边，中辈在中间，少辈在下边"。这类排葬形式在公共住宅内有相应的现象。作为家族议事、就食和宗教活动的公共住宅，"男女老少在这里的座次是井然有序的，他们说右大于左，所以女子坐在火

① 张忠培：《良渚文化墓地与其表述的文明社会》，《考古学报》2012 年第 4 期，第 416、417 页。

塘的右边，女家长坐居首席，其他女子依其辈分和年龄往外排坐；火塘左边是男子的席位，每个男子也根据自己的辈分和年龄坐在自己应该坐的地方。这种座次，不仅反映了成员间的血缘关系，也反映了每个成员在家族中的地位。因此，这种座次也反映到家族的墓地上来了。从而形成了有条不紊的排葬形式。这些死者正是原来生活在人世的几代人，包括祖母及其兄弟姊妹、母亲及其兄弟姊妹、儿女们、孙子孙女等"①。

总之，瑶山核心区墓葬南北两列墓主之间确切的社会关系还有待进一步讨论。如果考虑到良渚文化早期之后这类男女分列布局的墓地的消失，那么其反映的社会组织关系也应该相应发生变化，瑶山核心墓区南北两墓主之间，是否一定存在姻亲关系？还是仍是血缘关系？期待今后结合更多良渚文化墓地社会组织关系的分析得出进一步的结论。

二　瑶山遗址核心区墓葬时期的良渚古城遗址

根据瑶山核心区墓葬出土陶器组合和特征，以及成组玉礼器的种类、形制和纹样，我们接下来讨论这一时期良渚古城遗址的基本概貌。

首先，以随葬陶器组合来框定空间范围。鼎、鼎甗、豆、罐、大口

① 宋兆麟：《云南永宁纳西族的葬俗——兼谈对仰韶文化葬俗的看法》，《考古》1964 年第 4 期，第 202、203 页。

图 6-2 良渚古城遗址及周边与瑶山核心区墓葬同一阶段的遗址分布

缸是瑶山核心区墓葬的基本组合，在北列女性墓葬中，还有性别特征非常明显的陶过滤器。

在良渚古城遗址核心区内，目前已知的地点有吴家埠、庙前、黄路头、梅园里、官井头等遗址，周边遗址主要为临平遗址群玉架山，还有萧山蜀山、富阳瓦窑里。这说明至少在瑶山核心区墓葬这一阶段，与之相对年代一致的遗址点在良渚古城遗址范围内已经分布，虽然遗址点并不丰富，但分布空间很大。富阳瓦窑里遗址地处山地丘陵地带，说明在这一阶段，良渚古城遗址的直接影响和波及范围也不小（图 6-2）[①]。

从成组玉礼器的种类、组合、刻纹、数量、质量等来看，在良渚古城遗址范围内，官井头遗址等级最高和较高的 M54、M64，大体与瑶山北列墓葬 M1、M4 相当。官井头出土的圆牌等玉器，玉质细腻，厚实，说明这一阶段玉料的获取在高等级和次等级墓地中还没有很大的差别。官井头遗址出土了一些造型特殊的玉器，如顶部两侧刻龙首纹的半圆形冠状器、两端似猪首的条形璜，以及圆和弧边三角组合大眼的神兽、龙首纹小环等，也说明这一阶段主宰成组玉礼器的图像尚保留设计时期的多样化特征（图 6-3 和图 6-4）[②]。

吴家埠 M8 是一座出土了 1 件玉璜、3 件圆牌的墓葬，其等级相比之下就次一等了（图 6-5）。

庙前良渚文化早期墓葬中，虽然也有璜的出土，但不见圆牌，应是良渚古城遗址范围内的基层聚落（图 6-6）。

① 图 6-2 依赵晔《大雄山丘陵及官井头遗址揭秘——追寻良渚文明的源头》中"良渚遗址群分布范围"图改制成，《大众考古》2015 年第 7 期，第 19 页。
② 赵晔：《大雄山丘陵及官井头遗址揭秘——追寻良渚文明的源头》，《大众考古》2015 年第 7 期。感谢浙江省文物考古研究所赵晔先生提供原图。

官 M54

瑶 M1

(a)

官 M64

瑶 M4

（b）

图 6-3　良渚古城遗址官井头遗址与瑶山相关墓葬成组器物比较

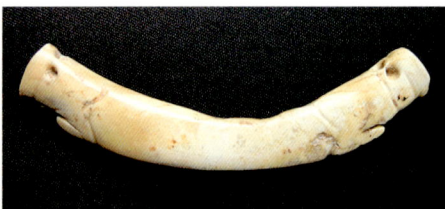

刻纹玉琮（M37:12）　　　　　　　　　兽首璜（M65:10）

镂空牌饰（M21:6）　　　龙首纹梳背（M64:4）　　　龙首饰（M65:20）

官井头遗址出土的重要玉器

官井头与瑶山相似玉璜比较

（a）

官 M51:3

瑶 M4:28

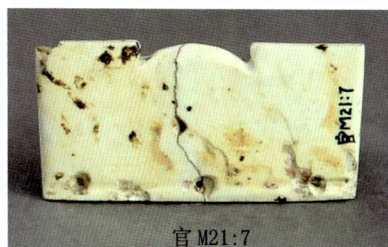

官 M21:7

瑶 M5:3

官 M54:20

瑶 M14:10

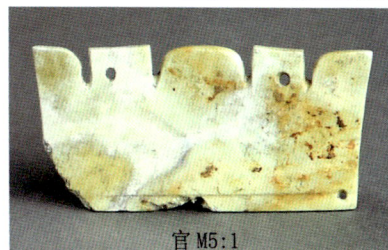

官 M5:1

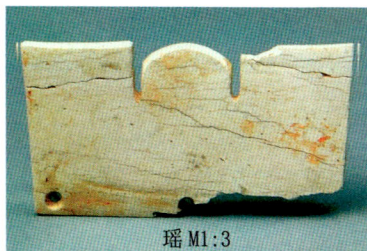

瑶 M1:3

（b）

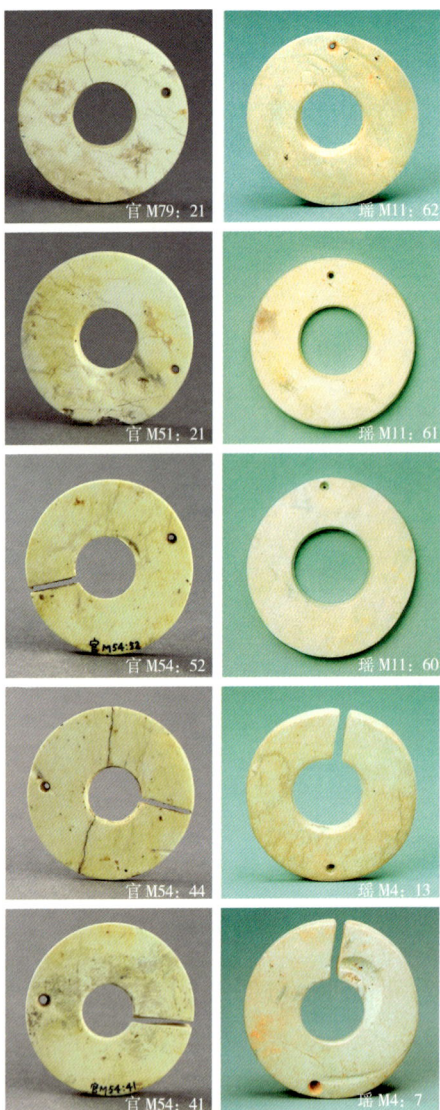

（c）

图 6-4　良渚古城遗址官井头遗址重要玉器及其与瑶山相关玉器比较

北

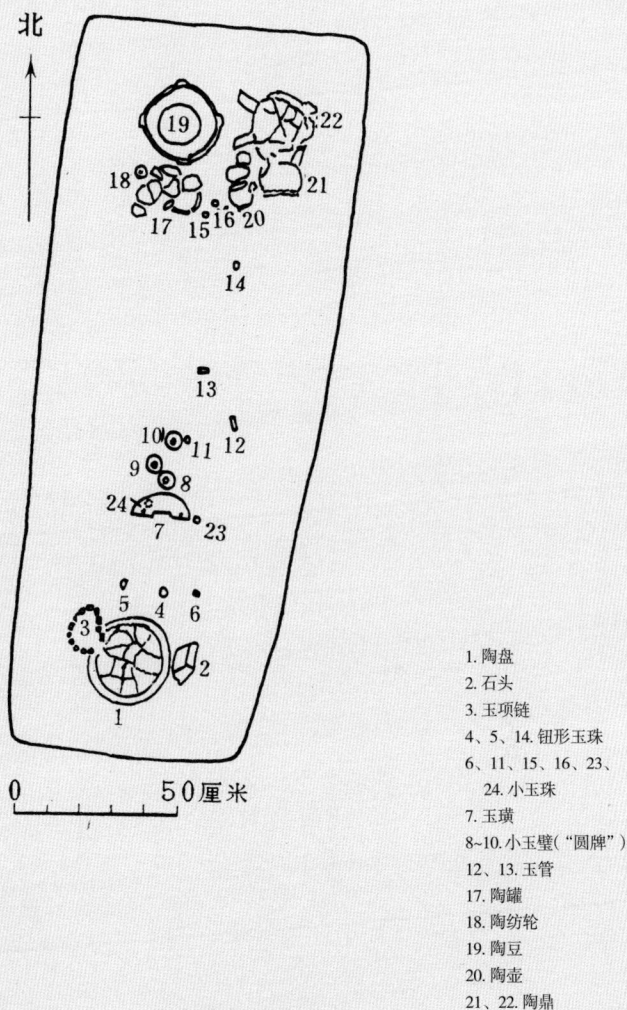

1. 陶盘
2. 石头
3. 玉项链
4、5、14. 钮形玉珠
6、11、15、16、23、24. 小玉珠
7. 玉璜
8~10. 小玉璧（"圆牌"）
12、13. 玉管
17. 陶罐
18. 陶纺轮
19. 陶豆
20. 陶壶
21、22. 陶鼎

图 6-5　良渚古城遗址西部吴家埠 M8 平面图

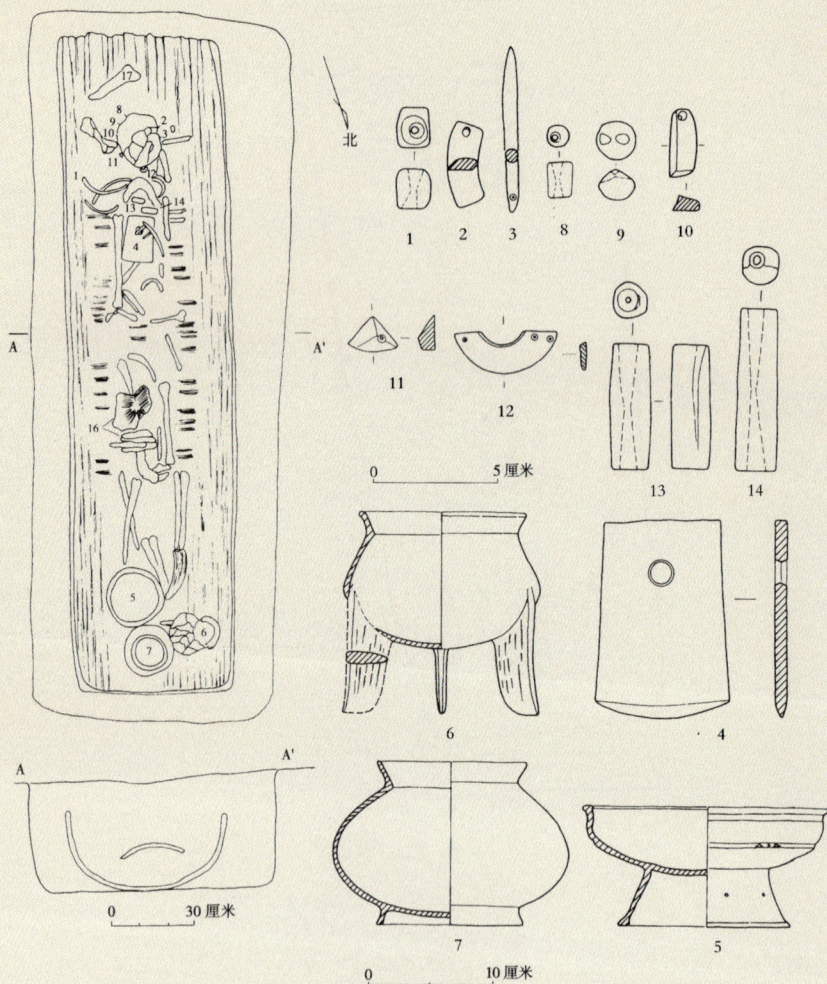

1、8、13、14.玉管 2、10、11、12.玉挂饰 3.锥形器 4.石钺 5.豆 6.鼎 7.罐 9.玉珠 16、17.动物骨骼

图 6-6 良渚古城遗址东部庙前 M31 平面图及随葬器物

　　在位于良渚古城遗址以东约 20 公里的临平遗址群的后头山、玉架山都发现了与瑶山核心区墓葬时代一致的堆积。尤其是玉架山高等级墓葬 M200，墓主头部位出土大孔璧环、成组串饰、冠状器、璜，上肢部位出土多件环镯，腹部还有大孔璧环，靠近脚端随葬陶器的位置出土了作为食具的玉匕和玉箸形器。镂孔结合阴线刻划的冠状器图纹，与反山 M12 豪华玉权杖的 M12：91 镦上纹样一致。尤其是也作为臂串的镯式圆琮上的雕琢纹样，图像构成和元素完全与瑶山所出相同，但是在细部的表现上体现了模仿特征。这说明从事高级工艺的琢玉集团既与良渚古城遗址有着密切联系，但又保持着自己的区域特色。玉架山 M200 是仅次于瑶山北列墓葬最高等级墓葬 M11 的同时期大墓，说明在良渚文化早期阶段，临平遗址群就已经形成了作为良渚古城周边区域中心的格局（图 6-7）①。

---

① 　楼航等：《浙江余杭玉架山遗址——发现由六个相邻的环壕组成的良渚文化完整聚落》，《中国文物报》2012 年 2 月 24 日。

瑶山 M2：1 冠状器图纹

玉架山 M200 冠状器

反山 M12：91 玉镦纹样展示

（a）

玉架山 M200：59 圆琮神兽纹

瑶山 M9：4 圆琮神兽纹

（b）

图 6-7　玉架山 M200 相关玉器的比较

三 瑶山遗址核心区墓葬时期的太湖流域

同样，也可以根据瑶山核心区墓葬出土陶器组合和特征，以及成组玉礼器的种类、形制和纹样，来讨论这一时期太湖流域的基本概貌。青浦福泉山、昆山赵陵山、常熟罗墩等遗址有与瑶山核心区墓葬同一阶段的遗存。

福泉山是太湖东部目前已知良渚文化最高等级遗址，是这一区域的中心。福泉山报告把福泉山良渚文化墓葬分为五期。7座墓葬属于第一期，尤其如M139，随葬陶器中还有花瓣足杯、圆和弧边三角组合纹样豆盘和罐形豆，明显还有崧泽文化晚期的遗风。6座墓葬属于第二期。福泉山第一、二期墓葬随葬玉器种类主要是一般的玉器，如璜、环镯、锥形器、管珠等。琮、璧、玉钺，以及冠状器等，到第三期才开始慢慢出现，至第四期才达到鼎盛。这说明相当于瑶山核心区墓葬的这一阶段，太湖以东以福泉山遗址为代表的区域中心尚处于发展阶段（图6-8）[1]。

昆山赵陵山是一处保存较完整的良渚文化时期人工建筑的高台墓地，特别是发现的多座高等级良渚早期大型墓葬、复杂的刻画图形、可

---

[1] 上海市文物管理委员会编著，黄宣佩主编：《福泉山——新石器时代遗址发掘报告》，文物出版社，2000年，第84、87、91、94页。

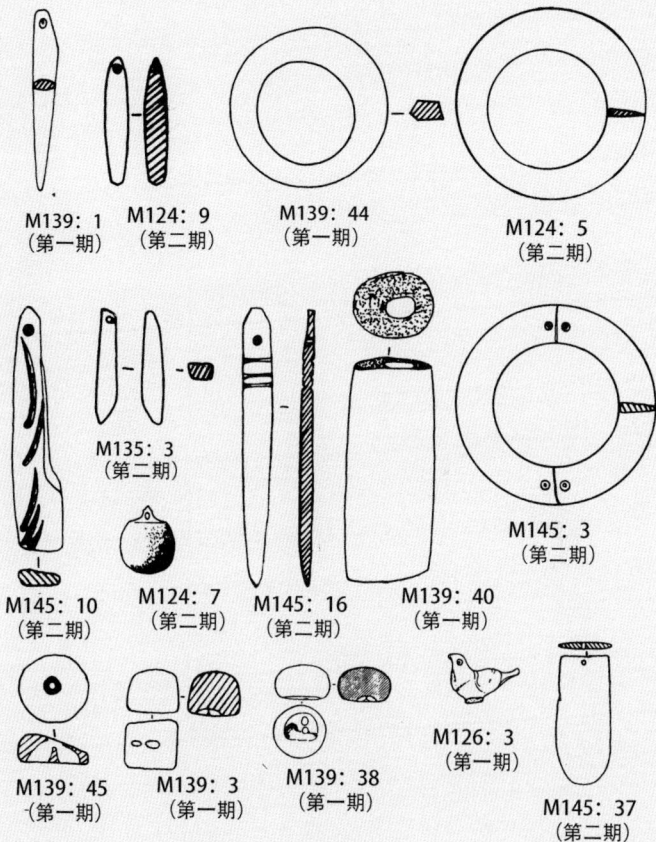

图6-8　青浦福泉山良渚文化墓葬第一、二期出土的部分玉器

图 6-9　昆山赵陵山第③、②层下墓葬分布图

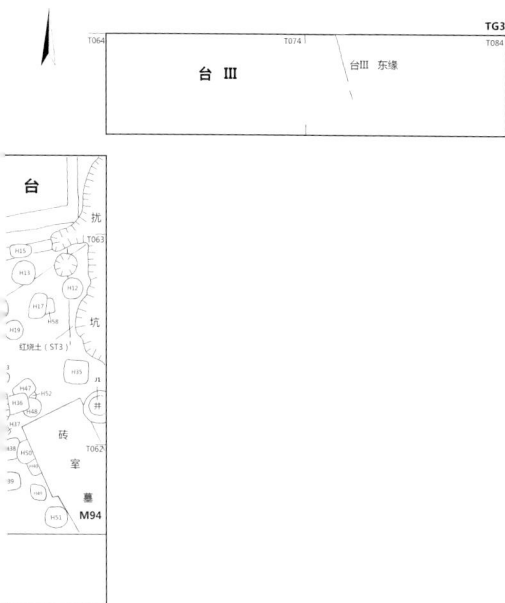

能存在的宗教人殉现象，均显示出本遗址在该区域中的核心地位。赵陵山遗址土台上的墓葬共 70 座：第④层下 34 座，年代为崧泽文化晚期至良渚文化早期阶段；第③层下 18 座，等级最高的 M77 正对祭台南边，M77 与西部墓葬之间为大块红烧土堆积和干栏式建筑遗存；第②层下 14 座；第①层下 4 座。其中第③、②层下墓葬的相对年代较为接近，大体上处于瑶山核心区墓葬时期（图 6-9）[1]。

[1]　南京博物院编著：《赵陵山——1990 ～ 1995 年度发掘报告》，文物出版社，2012 年，第 34 页图二九、第 112 页图一五八、第 172 页图二二二。

　　赵陵山第③、②层下墓葬的等级远高于同时期青浦福泉山良渚文化早期墓葬，核心墓葬 M77 随葬器物 111 套（组），共计 157 件。据介绍，M77 棺盖还可能绘制了兽面图案，棺盖南端放置 2 件龙形玉玦，棺盖北侧放置 1 件玉环，棺盖上还有玉珠、半圆形隧孔珠、环镯等。M77 棺内，头骨上有冠状器、一对隧孔珠，颈部至少有 3 组串饰，上腹部放置 1 件石钺，左腕部位有玉、象牙环镯各 1 件，手中握 2 件石镞、1 颗玉珠，右腕部位有 2 件玉镯、1 件象牙镯，手面上有 1 件玉琮，腹部以下至脚部有多件石钺，部分石钺在人骨下部，部分叠压在人骨之上，3 件石钺下有 3 件镂空玉插件，4 件锥形器分别出土于墓主头骨顶端下部、左臂膀一侧、右腿骨一侧、78 号石钺下（图 6-10 和图 6-11）[1]。

　　良渚文化早期，冠顶齐平和线搜半圆形的冠状器在太湖北部和东部出土的数量虽然远不如良渚古城遗址和周边区域，但点状的分布区域较广。如昆山赵陵山 M77:33、无锡邱承墩 M4:4[2]。常熟罗墩 M7:2 冠状器，顶部为长方形凹缺，罗墩 M7 出土陶豆（M7:21），大圈足中部有宽凸棱，矮圈足翘流盉（M7:24）特征同福泉山第一期 M139:35 盉，属于良渚

---

①　南京博物院编著：《赵陵山——1990—1995 年度发掘报告》，文物出版社，2012 年，第 134–160 页。
②　南京博物院、江苏省考古研究所、无锡市锡山区文物管理委员会编著：《邱承墩:太湖西北部新石器时代遗址发掘报告》，科学出版社，2010 年。

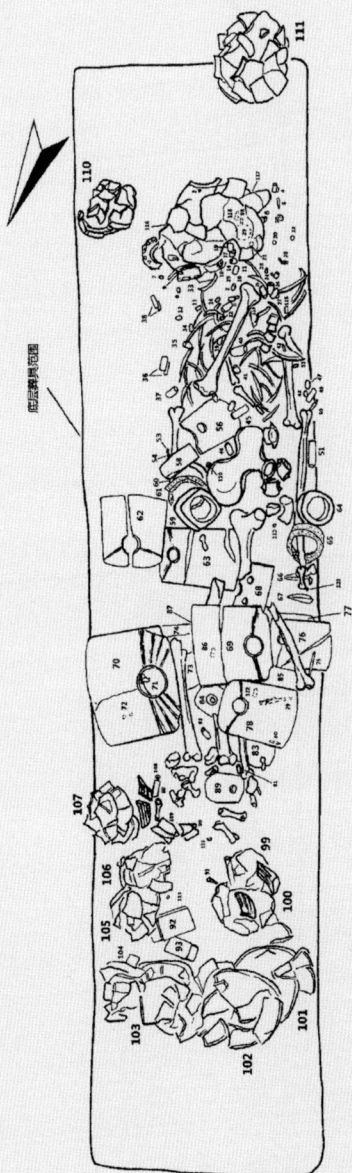

葬具内：

2~4、6~17、20~24、28、31、54、72、
82、109、121. 玉鼓形珠

5、53、91. 玉端饰

18、19. 玉隧孔珠

25、26、30、32、34~36、38、41、42、
46、48、55、57（57-1）、112、122、
123. 玉长珠

27、37、39、40、43~45、47、49、51、
81、88、90、108、113、115~120. 玉管

29、58、60、64. 玉镯环

33. 玉梳背

50、75、80、98. 玉锥形器

56、62、63、69、70、73、74、76~78、
83~85、87、89. 石钺

59. 玉琮

61、65. 象牙镯环

66、67. 石镞

68. 石刀

71、79、86. 石插件

92、93、104. 石锛

99、100、107. 陶鼎

101~103. 陶豆

105、106. 陶杯

110. 陶罐

111. 陶器

0　　20　　40厘米

（a）

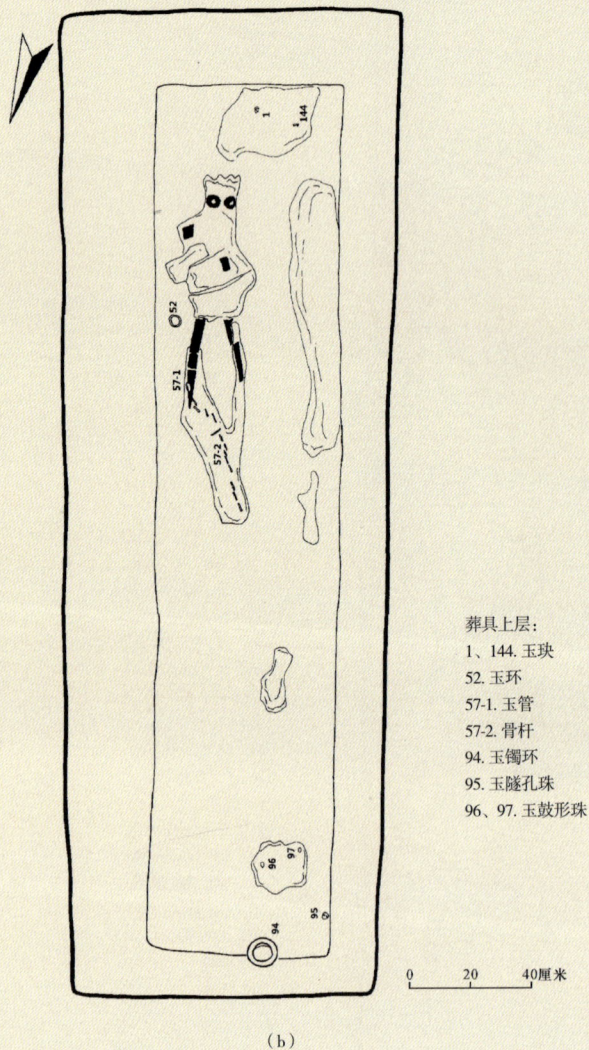

葬具上层：
1、144. 玉玦
52. 玉环
57-1. 玉管
57-2. 骨杆
94. 玉镯环
95. 玉隧孔珠
96、97. 玉鼓形珠

0   20   40厘米

（b）

图 6-10　昆山赵陵山 M77 平面图

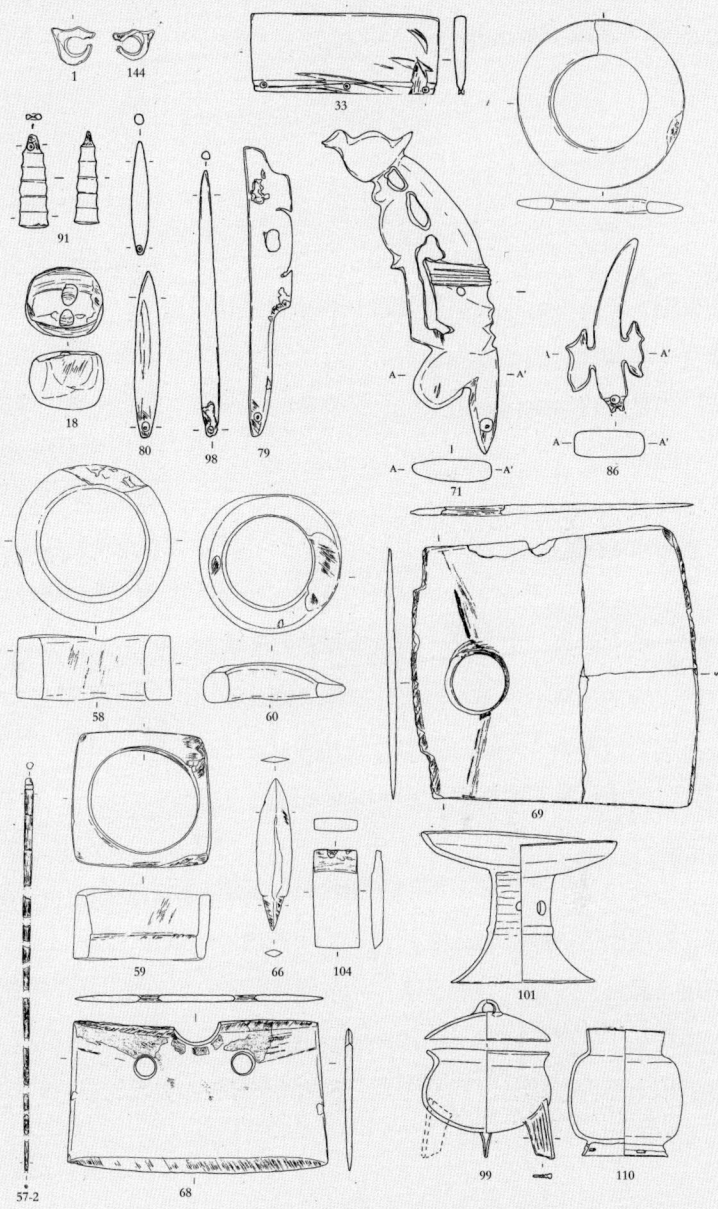

图 6-11　M77 主要随葬品

文化早期，年代与赵陵山 M77 和瑶山核心区墓葬接近 ①。虽然太湖以北良渚文化早期高等级墓葬中基本不见成组锥形器作为头饰，更不见三叉形器，但是，良渚文化早期也出土极少量的冠状器，说明良渚古城遗址核心区的影响。

赵陵山 M77 出土一组 2 件龙形玉玦（1、144），3 件造型特殊的玉插件（71、86、79），龙形玉玦受到红山文化玉雕龙的影响，是良渚文化龙首纹的具象。M77：71 玉插件的屈膝蹲踞式头戴羽冠的玉人，具有凌家滩文化玉人的风格，说明良渚文化早期太湖北部区域也受到了红山、凌家滩玉文明的影响。赵陵山第④层下 M84 出土的残玉饰（M84：1），造型特别，似兽非兽，似虫非虫，值得深入讨论（图 6-12）。

瑶山遗址核心区墓葬时期的太湖北部和东部，标识女性的玉璜数量锐减。赵陵山遗址除了第④层下 M91 出土残璜外，第③、②层下没有发现玉璜。另外，良渚古城的良渚文化早期墓葬中，男性性别标识的钺和女性性别标识的璜、纺轮，两者界限分明，但是在太湖北部和东部，这些性别标识器物也共出。等等这些，与良渚古城核心区形成鲜明的对比。

---

① 苏州博物馆、常熟博物馆：《江苏常熟罗墩遗址发掘简报》，《文物》1999年第 7 期，第 16-30 页。

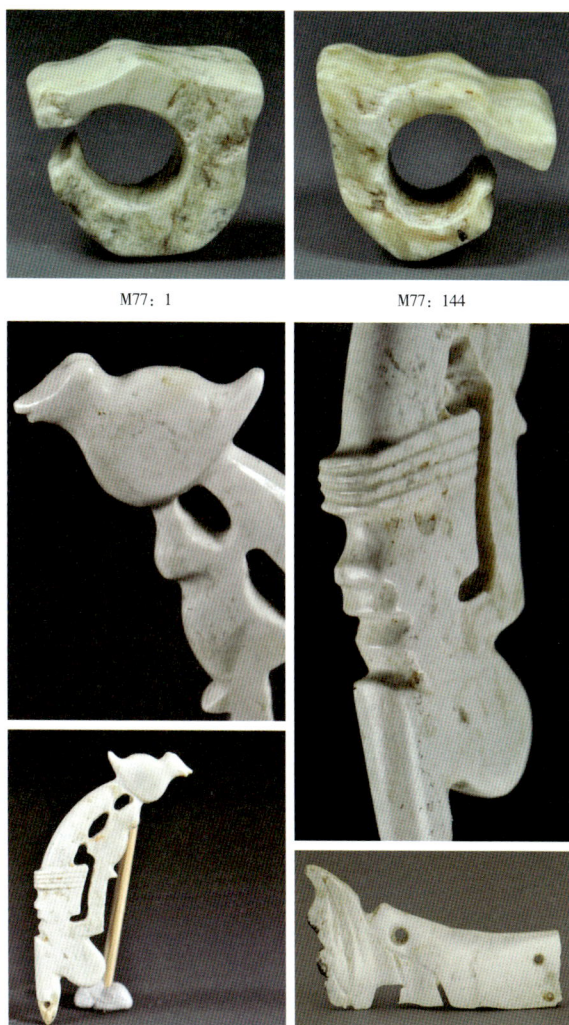

M77：1   M77：144

M77：71、M84：1（右下）

图 6-12　昆山赵陵山 M77 出土的部分玉器以及赵陵山 M84：1

尾　声

距今 5300 年前后，良渚古城的先人从太湖西北迁徙到天目山东麓两山夹一水（苕溪）的良渚，东有良渚庙前，西有瓶窑吴家埠，南有以大雄山为中心的官井头、石马坲，北有瑶山。

瑶山，王陵和祭坛复合遗址，是目前良渚文化同时期发现的最高等级遗址（图尾声 -1）。这一时期，良渚古城和水库还没有营建，位于天目山余脉大遮山南麓、苕溪以北的瑶山遗址共时，并密切相关的（瑶山）聚落群，应该在大遮山南麓的坡前岗地和低丘上，这时良渚先民已经建立起一整套完整的成组玉礼器系统，设计制作了神像和玉琮，复杂的成组玉头饰、玉琮、玉钺，以及不同性质和功能的玉权杖等彰显了拥有者的身份、等级和地位，玉器的品质、数量、种类和组合甚至雕琢工艺也几乎成为聚落等级和规模的唯一的标识，是太湖流域良渚玉文明的智者和先行者[①]。

①　2021 年 5—6 月，在良渚古城南城墙以南 2 公里北村遗址南地势较高的台地上，发现一处高等级墓地，年代与瑶山接近，其中 M106 出土随葬品 71 件，包括龙首镯、钱孔神兽纹冠状器、成组圆牌、璜串、玉蝉等重要玉器（姬翔、陈明辉、王宁远：《良渚早期发展阶段的重要突破——浙江北村遗址考古发掘收获》，"文博中国"公众号，2021-10-9）。

图尾声 –1　世界文化遗产良渚古城遗址瑶山俯视图 [1]

① 　感谢浙江省文物考古研究所陈明辉先生提供照片。2021年考虑到《瑶山》、《反山》英文版出版，以及原报告几乎绝版，文物出版社已于2021年、2022年先后出版《瑶山》（修订本）、《反山》（修订本），可供参考。

瑶山，坐北朝南，两侧各有低岗丘（西侧称馒头山），是一处精心选择的形胜之地。在埋设以 M12 为核心的墓葬之前，良渚先民对山顶进行平整修形，垒砌石坎，覆土加固，整形后东部留有较为开阔的平坦面，北坡甚陡，西部和南部为漫坡状，南部还残留有大口缸等遗迹，很可能是举行与葬仪相关的活动的主要场所。

埋设墓葬前，良渚先民在山顶相对平坦的核心区域开挖回字形围沟，并填埋灰土，形成由内到外的不同土色区分，这一形制可能与天文观念有关，也是作为高等级墓地埋设前的仪式。

瑶山核心区的 13 座墓葬，位于回字形灰土围沟的南部，南北两列，规划有序，根据随葬品种类等至少分为三组，分别以 M10、M7 和 M12 为代表，在埋设以 M12 为代表的墓组前，可能还进行了堆筑加高。M10、M7、M12 的墓主，是良渚古城的先王，他们所处的年代距今 5300—5000 年。

瑶山 13 座墓葬埋设后，西侧不远处还有一组墓葬，可惜由于盗扰，这组墓葬的具体情况已不清楚了。

瑶山王陵和祭坛遗址之后，即距今 5000 年前后，西北部水坝系统开始营建，莫角山土台开始逐步使用，反山王陵的主人就是这一时期的王者，以莫角山为核心的良渚古城遗址阶段完全拉开序幕。

后 记 Postscript

1989 年我从中山大学毕业，分配至浙江省文物考古研究所，很长时间里在浙北从事新石器时代考古发掘和研究。1996—1998 年，先后参加了瑶山遗址后续考古发掘。1999 年 5—6 月，协助芮国耀先生出版《瑶山》报告，在吴家埠工作站绘制了瑶山遗址所有的出土物。2000 年末，与芮先生一起在余杭市文物管理委员会对 1987 年收缴、采集的瑶山出土遗物进行了整理和测绘。瑶山器物线图和遗迹的上墨工作都在假山路办公室完成。

协助整理瑶山后，2001 年协助王明达先生整理反山。2003 年《瑶山》、2005 年《反山》报告出版之前，也断断续续写过一些很不成熟的小文，如《良渚文化玉器纹饰研究》（1999 年）、《反山、瑶山墓地：年代学研究》（1999 年）、《良渚文化玉器研究的现实和方法探讨》（2002 年）、《良渚文化玉璧的考古学认识》（2003 年）、《良渚文化玉器的龙首纹与神人兽面纹之兽面纹》（2003 年）等。2002 年协助王明达先生发掘良渚塘山遗址（金村段）、塘山遗址（毛园岭—河中段）之后，我就没有再在良渚遗址群内从事田野考古工作了，转而到湖州、嘉兴和杭州其他地区从事古墓葬、古遗址考古发掘。

　　2016 年是良渚考古 80 年，与此同时，浙江省文物考古研究所在对良渚遗址群、良渚古城遗址全新认识的基础上，正如火如荼地担当申报世界文化遗产的重任，我也十分荣幸分担了其中的一些案头工作，负责《良渚考古八十年》（2016 年）图录的构架和统纂、《良渚玉器》（2018 年）图录的编撰原则和整体框架，出版《土筑金字塔：良渚反山王陵》（2019 年）、《良渚玉器线绘》（2019 年增补版）等，还协助良渚博物院共同布展第三展厅"玉魂国魄"。2019 年 7 月 6 日，良渚古城遗址在阿塞拜疆巴库举行的世界遗产大会上获准列入世界遗产名录，以实物依据印证了中华文明 5000 年历史，也意味着它所代表的中华 5000 年文明得到了国际的广泛认可。那天，我在杭州的浙江卫视演播室担任直播的后方嘉宾，也见证了历史性的时刻。

　　为持续扎实做好良渚古城遗址和良渚文化的宣传工作，不断提升良渚古城遗址影响力，进一步擦亮良渚这张世界级的文化金名片，2019 年在浙江省委宣传部的支持下，浙江省文物考古研究所承担"良渚文明丛书"第二辑的撰写工作，《王陵和祭坛：瑶山遗址》就是其中之一。

　　感谢浙江省文物考古研究所从事良渚考古的同仁们的支持，感谢芮国耀先生慨允《瑶山访玉》作为本书的代序。

2020 年 4 月 4 日初稿

2020 年 9 月 19 日定稿

图书在版编目(CIP)数据

　　王陵和祭坛:瑶山遗址/方向明著.--杭州:浙江大学出版社,
2022.7
　　(良渚文明丛书)
　　ISBN 978-7-308-22733-9

　　Ⅰ. ①王… Ⅱ. ①方… Ⅲ. ①良渚文化－墓葬(考古)－研
究 Ⅳ. ①K878.84

　　中国版本图书馆CIP数据核字(2022)第106212号

王陵和祭坛：瑶山遗址
WANGLING HE JITAN: YAOSHAN YIZHI

方向明　著

策 划 人	陈丽霞　丁佳雯
丛书统筹	丁佳雯　陈丽霞
责任编辑	丁佳雯　范洪法
责任校对	仲亚萍
美术编辑	程　晨
排　　版	杭州林智广告有限公司
出版发行	浙江大学出版社
	（杭州市天目山路148号　　邮政编码　310007）
	（网址：http://www.zjupress.com）
印　　刷	浙江海虹彩色印务有限公司
开　　本	880mm×1230mm　1/32
印　　张	10.25
字　　数	207千
版 印 次	2022年7月第1版　2022年7月第1次印刷
书　　号	ISBN 978-7-308-22733-9
定　　价	80.00元